Henry Arthur Sanders

Die Quellencontamination im 21. und 22. Buche des Livius

Henry Arthur Sanders

Die Quellencontamination im 21. und 22. Buche des Livius

ISBN/EAN: 9783743307179

Hergestellt in Europa, USA, Kanada, Australien, Japan

Cover: Foto ©berggeist007 / pixelio.de

Manufactured and distributed by brebook publishing software
(www.brebook.com)

Henry Arthur Sanders

Die Quellencontamination im 21. und 22. Buche des Livius

Herrn Professor

Dr. Eduard von Wölfflin

gewidmet.

Vorrede.

Der erste Teil dieser Schrift ist vor einem Jahr als Münchener Dissertation erschienen, in welcher ich nur die Untersuchung über die Epitome Livii als vollendet betrachte. Für diesen Teil kann ich mich auf die Recension des Herrn Prof. Rolfe (The Classical Review 1898, p. 317) und, wenigstens im Allgemeinen, auf die Zustimmung der Herren Professoren v. Wölfflin und Hirschfeld stützen (vgl. Archiv f. lat. Lex. X, S. 563; XI, S. 1).

Gegen den unvollendeten Teil (d. h. nur die Einleitung) giebt Soltau (Woch. f. klass. Phil. 1898, S. 491) eine ausführliche Entgegnung, welche ich hier kurz besprechen will.

Erstens beklagt er sich, dass ich seine anderen Beweise für die Benutzung des Polyb durch Vermittlung des Claudius bei Livius übersehen habe und nur seinen Hauptbeweis (die Verwandtschaft des Livius 22, 58 ff. mit Cicero de off. 3, 32, 113) abwies. Der Grund aber, warum ich dieses „Dutzend andere Argumente" nicht besprochen habe, ist, dass ich sie für wertlos hielt. Denselben Vorwurf erhebt er (Philologus 1897, S. 419) gegen die Recension von Schmidt (Woch. f. klass. Phil. 1895, S. 767) und ebensowenig sind seine Nebenbeweise von Holzapfel (Berl. phil. Woch. 1898, S. 593), Zielinski (Litt. Centralblatt 1895, S. 658) und Luterbacher (N. phil. Rundschau 1898, S. 221) als beweiskräftig anerkannt worden. Da aber Soltau aus diesem „Dutzend" die sechs stärksten Beweise gegen mich aufgezählt hat, werde ich sie der Reihe nach beantworten.

1. ‚Cicero de off. III habe nur den Claudius als Quelle für die historischen Beispiele benutzt'. Diese Annahme

Soltaus hat nur den Zweck seinen Beweis für die indirekte
Benutzung des Polyb in demselben Buche zu verstärken und
kommt selbstverständlich nicht mehr in Betracht, nachdem
ich die direkte Benutzung des Polyb bei Cicero bewiesen
habe (vgl. unten S. 141 ff.): es ist ferner ganz undenkbar,
dass ein solcher Kenner der römischen Annalistik wie Cicero
(vgl. de leg. 1. 2, 6) nur den Claudius benutzen sollte, wenn
es darauf ankam, viele historische Beispiele zu sammeln, und
diesen Beweis hat Soltau auch nicht geliefert.

2. ‚Die indirekte Benutzung des Polyb bei Livius sei
durch Livius' falsche Chronologie in den hispanischen Abschnitten erwiesen (vgl. dagegen Zielinski a. a. O.) und diese
Rechnung sei nach Liv. 25, 39 die des Claudius'. Vergleichen
wir das Citat: (§ 12) Ad triginta septem milia hostium caesa.
auctor est Claudius, qui annales Acilianos ex Graeco in
Latinum sermonem vertit; (§ 13) captos ad mille octingentos
triginta, praedam ingentem partam; in ea fuisse clipeum
argenteum pondo centum triginta septem cum imagine Barcini
Hasdrubalis. (§ 14) Valerius Antias una castra Magonis capta
tradit, septem milia caesa hostium; altero proelio . . . decem
milia occisa, quattuor milia trecenta triginta captos. (§ 15)
Piso quinque milia hominum . . . caesa ex insidiis scribit.
In dem Citate findet sich kein Wort über die Zeit und man
kann ebenso gut behaupten, dass Piso oder Antias die falsche
Rechnung hatte, da sie auch hier citiert sind. Die Voranstellung des Claudius beweist nicht, dass er Quelle für die
vorhergehende Zeitansetzung war, da wir nicht nach dem
Einquellenprincip Nissens verfahren dürfen. Gerade hier
(Kapitel 39) ist die Contamination besonders deutlich; § 14
ist Antias, § 15 Piso citiert; § 16 (das Erscheinen der
Flamme um Marcius' Haupt) aber ist aus Antias, obschon er
nicht nochmal erwähnt wird; vgl. das Citat bei Plin. n. h.
2, 241; § 17 (das Aufhangen des Schildes im Capitol) dagegen
muss, nach § 13 zu urteilen, wieder aus Claudius sein (vgl.
auch Plin. n. h. 35, 14, der die claudianische Erzählung aus
einer Mittelquelle entnehmen musste, da er den Claudius nie
citiert hat).

3. ‚Die Contamination polybianischer und annalistischer Gedanken bei Livius 25, 32 —39 erweise auch den Claudius als Mittelquelle‘; das heisst aber das verworfene Einquellenprincip Nissens wieder aufnehmen und bedarf keiner weiteren Widerlegung; Livius selbst ist es hier ohne Zweifel, der kombiniert hat.

4. ‚Bei Livius 35, 14, 5 (die Anecdote von Hannibals und Scipios Gespräch) werde zu einer polybianischen Erzählung Claudius secutus Graecos Acilianos libros citiert‘. Hier aber hat Claudius den Acilius, nicht den Polyb benutzt, wie Livius ausdrücklich sagt. Die Erscheinung derselben Erzählung bei App. Syr. 10 und Plutarch, Titos 21 deutet nicht auf Polyb[1]) als Quelle für alle drei, wie Soltau und Weissenborn-Müller (Liv. z. St.) behaupten; denn Plutarch hat den Livius benutzt, wie die genaue Übereinstimmung seiner allerdings sehr verkürzten Erzählung deutlich zeigt; vgl. besonders ἡσυχῆ μειδιάσαντα τὸν Ἀφρικανὸν εἰπεῖν mit risum obortum Scipioni et subiecisse, wo Appian διακινόμενον τὸν Σκιπίωνα ἐπανερέσθαι hat, und πρῶτον ἐπούμην τῶν στρατηγῶν mit me et ante Alexandrum, et ante Pyrrhum, et ante omnes alios imperatores esse, wo Appian nur ἔταξα ἂν ἐμαυτὸν πρὸ Ἀλεξάνδρου bietet; auch hat Plutarch gerade in diesem Teil den Livius citiert (vgl. Titos 20). Appians Bericht ist dagegen sehr verschieden von dem des Livius; die von Livius gegebenen Gründe, warum Alexander und Pyrrhus den ersten Platz einnehmen, hat er ausgelassen, jedoch mehrere für Hannibal hinzugefügt. Wegen dieser und anderer kleinerer Abweichungen kann die Verwandschaft des Livius und Appian hier nicht sehr eng sein. Von den fünf Ruhmesthaten des Hannibal bei Appian sind vier bei Nepos Hann. erwähnt; die fünfte (Hannibal hatte 400 Städte in Italien genommen) kommt meines Wissens nur hier vor und scheint daher auf einer Erfindung oder Verwechslung des Appian zu beruhen; vgl. Eutrop 3, 14, 6 (Laevinus) quadraginta civitates in deditionem accepit (dasselbe bei Oros. 4, 18, 2; Livius 26, 40, 14;

---

[1]) Bekanntlich liegt Polyb für diese Stelle im Original nicht vor.

daher auch in der Epitome Livii) und Eutrop 3, 12, 2 Hannibal multas civitates Romanorum occupavit). So steht der Annahme nichts im Wege, dass Appian selbst im Anschluss an Nepos diese Zuthaten gemacht hat (vgl unten S. 110). Den Hauptteil des Gespräches kann er aus seiner annalistischen Quelle, welche eventuell auf Acilius zurückgeht, gezogen haben. An Polyb als Quelle ist deshalb nicht zu denken, weil er eine dieser fünf Übertreibungen ausdrücklich getadelt (3, 48, 6) und die anderen nicht erwähnt hat.

5. Soltau findet eine Uebereinstimmung zwischen dem Claudius-Citat bei Livius 33, 10, 10 und Polyb, obschon Livius den ersteren wie auch den Antias für abweichende Zahlangaben citiert hat: Caesa eo die octo hostium milia, quinque capta. Si Valerio quis credat, omnium rerum immodice numerum augenti, quadraginta milia hostium eo die sunt caesa; capta, ubi modestius mendacium est, quinque milia septingenti . . . Claudius quoque duo et triginta milia hostium caesa scribit, capta quattuor milia et trecentos. Nos . . . Polybium secuti sumus . . .

In der Zahl der Gefangenen ist der Unterschied gerade noch gross genug, um das Quellenverhältnis zu bestimmen; Antias hat 5700, Polyb 5000, Claudius 4300; da Antias und Claudius um genau dieselbe Differenz (700) von 5000 abweichen, ist es wahrscheinlich, dass sie aus einer gemeinsamen Quelle, welche die Zahl durch den 700 Mann betragenden Abstand von 5000 angab, abzuleiten sind. Antias' Zahl der Gefallenen (40000) ist deutlich eine Übertreibung der Zahl 32000, welche Claudius bietet: diese letzte aus dem Epigramm des von Plutarch (Titos 9) citierten Dichters Alkaios aus Messenien abzuleiten, ist deswegen unstatthaft, weil vielmehr der Dichter die Zahl rund nach der römisch-aetolischen Tradition gegeben hat; vgl. Ἄκλαυστοι καὶ ἄθαπτοι, ὁδοιπόρε, τῷδ' ἐπὶ νώτῳ Θεσσαλίης τρισσαὶ κείμεθα μυριάδες;
jedenfalls darf man nicht 32000 aus 30000 ableiten, sondern das Umgekehrte. Ebenso unwahrscheinlich ist Soltaus Annahme, dass Plutarch dieses Dichter-Citat aus Polyb zog; das bekannte Epigramm konnte Plutarch selbst hinzufügen.

6. Für den sechsten Grund, die Contaminationen bei Livius 29, 29—34, hat Soltau sich wieder „unbesehens" auf das Einquellenprincip Nissens gestützt.

Dies bringt mich auf Soltaus Hauptvorwurf, dass ich den von Nissen und von ihm eingeschlagenen Weg der Forschung mit dem Einquellenprincip Nissens vertauscht habe. Sind sie denn trennbar? Soltau wie Nissen sprechen immer von ‚Abschnitten' und ‚Particen' und, nachdem S. die dem Polyb verwandten festgestellt hat, verteilt er die anderen unter seine echt römischen Quellen. Der einzige Unterschied zwischen Nissens Verfahren und Soltaus Methode ist also, dass die Abschnitte bei Soltau etwas kürzer sind, aber immerhin noch ein bis vier Kapitel betragen; nur äusserst selten giebt er zu, dass kleine Einlagen oder Citate aus anderen Quellen in diesen Particen vorkommen. Daher erscheint es sehr befremdend, wenn Soltau in dieser Entgegnung das Einquellenprincip in der III. Dekade ausdrücklich von sich abweist.

Von Soltaus drei Gründen, warum er eine Quellencontamination bei Livius 21. und 22. verworfen hat, sind der zweite und dritte aus Nissen Krit. Unt. S. 20 rsp. 85 und 109 gezogen und von mir S. 6 und 129 beantwortet: der erste (dass solche Contamination der Arbeitsweise und Urteilsfähigkeit des Livius widerspricht) ist sein Eigentum, dessen Beurteilung ich meinen Lesern überlasse.

Bevor Soltau Ays Ansicht über die Benutzung der Epitome Livii durch Pseudo-Victor de vir. ill. verwarf, hätte er beachten sollen, dass Ay die Verwandtschaft nicht nur an den wenigen Stellen, welche er in dem Kapitel über de vir. ill. behandelt, bewiesen hat, sondern auch an mehreren anderen, besonders in dem Kapitel über Augustin de civ. dei. Hierzu habe ich die enge Verwandtschaft an ferneren neun Stellen klargelegt; vgl. S. 22, 24, 29, 32, 33, 34, 41, 44, 48.

Auch die Benutzung der Epitome durch Appian werde ich gegen Soltau aufrecht erhalten, bis die von mir (S. 41, 42, 43 [zwei Stellen], 44, 48, 103) besprochenen Stellen anders erklärt sind. Diese Beweise sind um so stärker, weil jedesmal Fehler oder Übertreibungen in Betracht kommen.

An dieser Stelle möchte ich dem Herrn Prof. v. Wölfflin den Ausdruck des aufrichtigsten Dankes für die mir gewährte Unterstützung zu erkennen geben.

Nicht geringeren Dank schulde ich meinen Freunden Herren stud. Regling und Newcomer, welche mir so wohl bei der Correctur der Druckbogen wie in anderen Beziehungen sehr wesentliche Dienste geleistet haben.

Berlin, am 1. August 1898.

Henry A. Sanders.

Inhalt.

XII

Berichtigungen.

Lies Seite 3 Zeile 20	Gymnas.
„ „ 4 „ 36	Kiel. Monatsschrift.
„ „ 24 „ 14	Bern.
„ „ 25 „ 17	cond. indole ac
„ „ 37 „ 13	Ausschmückung
„ „ 42 „ 19	ποταμούς
„ „ 42 „ 25	·Noct.
„ „ 84 „ 37	πιστεύοντες
„ „ 85 Note 2	Freiburg, 1889.
„ „ 93 Zeile 14	ἤθροικει
„ „ 97 „ 13	πάν.

I. Allgemeine Einleitung.

Die Geschichte des zweiten punischen Krieges ist im
Alterthum von hannibalischer, von römischer und von un-
parteiischer Seite dargestellt worden. Leider aber ist das
griechisch-geschriebene Werk des aus Sicilien gebürtigen
Silenos, welchen Hannibal in seinem Hauptquartiere bei sich
hatte, verloren gegangen, wenn es nicht die siegreichen
Römer absichtlich beseitigt haben. Die älteren römischen
Annalisten, an deren Spitze Fabius Pictor und der wenig
jüngere Cincius Alimentus stehen, brave Männer und gute
Patrioten, standen nothwendig unter dem Einfluss von Vor-
urtheilen; auch von Cato, dem Verfasser der Origines, dürfen
wir noch keine Unbefangenheit dem Gegner gegenüber erwarten. Ehrenwerth war der Consul Calpurnius Piso und in
Sullas Zeit Claudius Quadrigarius, während Valerius Antias
durch seine Leichtfertigkeit das Zutrauen nicht fesseln konnte.
Dagegen dürfen wir die Erzählung des Griechen Polyb,
wenn er auch den Scipionen sehr nahe stand, als eine im
Ganzen wahrheitsgetreue bezeichnen, da er gewiss den Silen
mit Vorsicht und Auswahl benutzt hat, wie bald nach ihm
auch der Halbgrieche Coelius Antipater, welcher zwar in
lateinischer Sprache und für römische Leser schrieb, aber
zuerst dem Spruche ‚Audiatur et altera pars‘ folgte. Es ist
für die Stellung des Livius in der Litteratur wie für den
antiken Historiker von grösster Wichtigkeit, zu wissen, welche
dieser Quellen Livius benutzt hat, und aus dieser Ueberzeu-
gung erklären sich auch die zahllosen Schriften, welche über
diese Frage geschrieben worden sind. Schon die blosse Auf-
zählung bedarf der Entschuldigung bei dem Leser.

1

F. Lachmann. De fontibus historiarum T. Livii I. II. Gottingae, 1822, 1828.

Becker. Vorarbeiten zu einer Geschichte des zw. pun. Krieges. S. 59. Altona, 1823.

Niebuhr. Hist. Vorträge (Ausg. v. Isler, Bd. I. S. 49, 1846).

v. Vincke. Der zweite pun. Krieg. Berlin, 1841.

Schwegler. Röm. Geschichte, Bd. I, S. 110.

Nitzsch. Kieler Monatsschrift, 1854, S. 67.

„   Sybels hist. Zeitschrift, Bd. XI, 1864.

„   Die römische Annalistik. Berlin, 1873.

Lucas. De ratione qua Livius in libris historiarum conscribendis usus est opere Polybiano. Glogau, 1854.

Kieserling. De rerum Romanarum scriptoribus quibus T. Livius usus est. Berolini, 1858.

G. L. Michael. In wie weit hat Livius den Polybius als Hauptquelle benutzt? Torgau, 1859.

Tillmanns. Qua ratione Livius Polybii historiis usus sit. Bonnae, 1860.

Tillmanns. Jahrb. Phil. 1861, Bd. 83, S. 844.

C. Peter. Livius und Polybius (Pforta Progr.). Halle, 1863.

„   Zur Kritik der Quellen der älteren röm. Geschichte. Halle, 1879.

Nissen. Kritische Untersuchungen über die Quellen der 4. und 5. Dekade des Livius. Berlin, 1863.

Nissen. De pace anno 201 a. Chr. Carthag. data. Marburg, 1870.

Meltzer. De L. Coelio Antipatro belli Punici secundi scriptore. Lipsiae, 1867.

W. Michael. De ratione qua Livius in tertia decade opere Polybiano usus sit. Bonnae, 1867.

Friedersdorff. Livius et Polybius Scipionis rerum scriptores. Gottingae, 1869.

Friedersdorff. Das 26. Buch des Livius. Marienburg, 1874.

Böttcher. Krit. Untersuchungen über die Quellen des Livius im 21. und 22. Buche. Jahr. f. class. Phil. Suppl. V. S. 353. 1869.

— 3 —

Vollmer. Quaeritur unde belli Punici secundi scriptores sua hauserint. Göttingen, 1872.

Vollmer. Die Quellen der dritten Dekade des Livius. Düren, 1881.

Wölfflin Antiochus von Syrakus und Coelius Antipater. Winterthur. 1872.

Neuling. De belli Punici primi scriptorum fontibus. Gottingae. 1873.

Scott. Macedonien und Rom während des hann. Krieges. Berlin. 1873.

Luterbacher De fontibus librorum XXI et XXII T. Livii. Argent. 1875.

Luterbacher. Der Prodigienglaube und Prodigienstil der Römer Burgdorf. 1880.

Keller. Der zweite punische Krieg und seine Quellen. Marburg, 1875.

Ackermann. Untersuchung zur Geschichte der Barciden. Rostock, 1876.

Gilbert. Rom und Karthago. Leipzig. 1876.

Hirschfeld. Zeitschrift für östr. Gymnas 1877. S. 801.

Kessler. Secundum quos auctores Livius res a Scipione maiore in Africa gestas narraverit Kiliae. 1877.

Pirogoff. Untersuchungen über röm. Geschichte (dritte Dekade des Livius). St. Petersburg. 1878.

Sieglin. Die Chronologie der Belagerung von Sagunt. Leipzig. 1878.

Genzken. De rebus a P. et Cn. Scipionibus in Hispania gestis. Gottingae. 1879.

Zielinski. Die letzten Jahre des 2. pun. Krieges. Leipzig. 1880. S. 86.

Franz. Die Kriege der Scipionen in Span. München. 1883.

Neumann-Faltin. Zeitalter der pun. Kriege. Breslau. 1883. S. 268—288.

Föhlisch. Ueber die Benutzung des Polybius im 21. und 22. Buche des Livius. Pforzheim, 1884—5.

Hesselbarth. Hist.-Krit. Untersuchungen z. 3. Dekade des Livius. Lippstadt. 1882; erweitert Halle. 1889.

v. Breska. Quellenuntersuchungen im 21. bis 23. Buche
des Livius. Progr. Berlin, 1889.
Stern. Das hann. Truppenverzeichnis bei Livius. Berl.
Stud. XII, 2. 1891.
Thiaucourt La marche d'Hannibal de l'Ebre en Italie.
Paris, 1890.
Thiaucourt. Revue de Philologie. 1890, S. 153.
Soltau. Die Quellen des Livius im 21. und 22. Buche.
Zabern, 1894.
Soltau. Livius Quellen in der 3. Dekade. Berlin, 1893
(vgl. Vorrede f. seine andere Schriften).
Soltau. Philologus. 1897. N. F. X. S. 418.
Jumpertz. Der römisch-karthagische Krieg in Spanien.
Leipzig, 1892.
Wachsmuth Alte Geschichte. Leipzig, 1895. S. 594 f.
Meltzer. Otto. Geschichte der Karthager. Berlin 1896.
Band 2.
Niese. Röm. Geschichte (Handb. klass. Alterthums-
wissenschaft). München, 1897. 8. 60.
Von Gelehrten, welche nur gelegentlich diese Fragen
streifen, nenne ich Madvig, Emend. Liv., H. J. Müller und
Wölfflin in ihren Livinsausgaben, Susemihl. Griech. Lit.
Gesch., und Schanz. Röm. Litteraturgeschichte II, S. 183,
welche die Benutzung des Polyb in diesen Büchern annehmen,
andrerseits die Herausgeber, Weissenborn und M. Hertz,
welche das Gegentheil behaupten.
Fassen wir die in diesen Schriften verfochtenen Ansichten zusammen, so lassen sie sich in drei Gruppen zerlegen.
1) Vertreter der Ansicht, dass Polyb im 21 und 22. Buche
des Livius direct benutzt sei, sind: Lachmann, Becker.
v. Vincke, Lucas, Kieserling, C. Peter, Meltzer. Wölfflin,
Scott, Luterbacher, Friedersdorff (Marienburg, 1874). Madvig.
H. J. Müller, Pirogoff, Franz, Föhlisch, Susemihl, Hesselbarth, Stern und Thiaucourt.
2) Dass Polyb von Livius nicht benutzt sei, nehmen
an: Niebuhr, Schwegler, Nitzsch (Kiel, Monatsschrift Sybel
hist. Zeitsch.), G. L. Michael, Tillmanns, Weissenborn, Hertz,

Nissen, W. Michael, Friedersdorff (Gotting. 1869), Böttcher, Vollmer, Neuling, Keller, Ackermann, Gilbert, Sieglin, Genzken, Zielinski, Neumann-Faltin und v. Breska. Der Führer derselben, Niebuhr, ist nicht für das J. 1846 anzusetzen, wo die Vorlesungen gedruckt erschienen, sondern schon für die Jahre 1826—31, wo derselbe in Bonn docierte; ohne Zweifel ist sein persönlicher Einfluss für die Verbreitung dieser Ansicht massgebend gewesen. Nissen in seiner Untersuchung der 4. und 5. Dekade ist nicht bei der Negation stehen geblieben, sondern hat die positive These aufgestellt, dass Livius, ohne verschiedene Quellen zu kombinieren, abschnittweise immer nur einen Autor abgeschrieben, bezw. übersetzt habe. Der Umfang dieser Abschnitte wird von seinen Anhängern auf etwa 10 Druckseiten bestimmt.

3) Polyb ist von Livius mittelbar (d. h. durch Benutzung eines Historikers, welcher selbst dem Polyb folgte) benutzt nach: Nitzsch (Röm. Ann.), Hirschfeld, Kessler, Soltau, Jumpertz, Wachsmuth und Niese. Der Vater dieser „Vermittlungsphilologie", Nitzsch, hat seinen Credit noch bei Lebzeiten verloren, hatte er doch die Darstellung des Livius zuerst mit der stockrömischen des Fabius Pictor, später mit der gegnerischen des Silen identifiziert, in seinem Hauptwerke aber den Schwindler Valerius Antias als Mittelglied zwischen den zuverlässigen Polyb und den wenigstens nach Wahrheit strebenden Livius eingeschoben, doch ausnahmsweise die Bücher 21 und 22 auf die hannibalische Darstellung (Silen) zurückgeführt. Das wäre beinahe, wie wenn ein moderner Historiker die Geschichte von 1870 bis Sedan nach Moltke, das Weitere nach einem chauvinistischen Buche erzählte. Besser immerhin hatte Kessler den Coelius als Zwischenquelle bezeichnet, was auch aus chronologischen Gründen zulässig ist, doch hat er auch nicht an einer einzigen Stelle eine Benutzung des Polyb durch Coelius nachweisen können. Gegen Hirschfeld, welcher den Livius die von Plutarch erwähnte Epitome Polybii des Brutus benutzen liess, spricht namentlich, dass die Ausführlichkeit des Livius wohl der Darstellung des Polyb selbst, nicht aber einer Epitome entspricht.

Verwirft man auch den Claudius Quadrigarius, für welchen Soltau eintritt, so ist unsere ganze Litteraturkenntniss zu Ende und es giebt keinen Autor mehr, welcher den Livius mit Polyb verbinden konnte, so dass man zu dem naiven Geständniss von Wachsmuth gezwungen wird, welches er S. 594 Note ablegt: „für die polybianischen Bestandtheile setze ich eine Vermittlung durch eine römische Quelle voraus: welche, weiss ich nicht." Wenn wir uns nun zu Soltau wenden, so geben wir von vornherein zu, dass er viel methodischer verfahren ist als seine Vorgänger; er will bewiesen haben, dass Polyb von einem Annalisten benutzt sei. Dies als Vermuthung hat schon Mommsen (Röm. Forschungen, II S. 511) aufgestellt, um einige Angaben des Appian zu erklären, doch ist er von E. Meyer (Rh. Mus. 1881, Bd. 36, S. 120) widerlegt worden. Auf Mommsens Grundlage weiter zu bauen hat Soltau nicht versucht, sondern seine ganze Beweisführung auf einen Vergleich von drei Stellen gestützt; er führt Cic. De Off. 3, 32, 113 an, wo Citate von Polyb und Acilius (einem Zeitgenossen des Cato, welcher in griechischer Sprache römische Geschichte schrieb) hinter einander stehen; in beiden ist die Rede von den römischen Gefangenen, welche Hannibal nach der Schlacht bei Cannae zur Vermittlung des Friedens nach Rom sandte. Dieselbe Angaben findet er bei Livius 22, 58, 8 und 61, 4—10, und nochmals bei Gellius N. A. 6, 18. Demnach soll ein Annalist den Polyb und Acilius kombinirt haben und das kann für ihn natürlich nur Claudius sein, welcher nach Livius 25, 39, 12 (Claudius, qui annales Acilianos ex Graeco in Latinum sermonem vertit) das Werk des Acilius übersetzt hatte. Es wäre gewiss merkwürdig, wenn zwei Erzählungen derselben Sache so verbunden an drei Stellen erschienen, doch wird die Beweiskraft abgeschwächt, wenn Soltau nur die Verbindung dieser zwei sehr bekannten Angaben nachweisen kann. Allein die Sache ist in Wirklichkeit noch schlimmer, da wir bei Livius die Aciliusversion nicht finden und bei Gellius alle beide nicht, weder die des Polyb noch die des Acilius, wie später bewiesen werden soll.

Ist nun, wenn Soltaus Versuch abzulehnen ist, die Bestimmung der Quellen des Livius zur Unmöglichkeit geworden? und warum ist diese Frage bisher nicht gelöst worden? Die Antwort liegt nahe; Soltaus erster Satz hat für ihn die Untersuchung unmöglich gemacht. Er schreibt nämlich: „Das Problem, die Quellen der III. Dekade des Livius zu erforschen, wird nach dem Vorgange des bekannten Werkes von Nissen gelöst werden müssen." Derselben Ansicht folgt auch v. Breska in seiner Anzeige von Hesselbarth (Wochen. f. klass. Phil. 1891, S. 294); „Da (Nissens Ergebnisse) so lange auch für die dritte Dekade gelten müssen, wie sie für die 4. und 5. nicht als falsch nachgewiesen sind, so sind jene Hesselbarths eben hinfällig." Dass aber diese Uebertragung von Nissens Resultat auf die dritte Dekade falsch ist, hat C. Peter (Zur Kritik der Quellen der älteren röm. Geschichte, S. 92) schon angedeutet, indem er auf die Gründe, warum Polyb mehr in der 4. und 5. Dekade als in der 3. benutzt war, aufmerksam machte. Noch bestimmter gegen Nissen ist Föhlisch (A. a. O.) aufgetreten; doch leidet seine Arbeit unter der Tendenz, den Livius zu sehr zu verteidigen.

Es gehört nicht zu meinem Thema Nissens Arbeit als Ganzes zu kritisiren, doch muss ich die Gründe, welche gegen seine Beweisführung sprechen, wenigstens anführen. Einmal hat er sich um kleine Unterschiede zwischen Polyb und Livius sehr wenig gekümmert, indem er sie teils durch Korrectur beseitigte, teils als Ungenauigkeiten des Livius erklärte[1]: dass aber diese Art der Beweisführung unkritisch ist, besonders wo die geschichtliche Ueberlieferung so feststeht wie in der 4. und 5. Dekade bedarf keines Beweises. Auch um sein Einquellenprincip durchzuführen musste Nissen für die Bücher 21 und 22 jede Art von Abhängigkeit des Livius von Polyb längnen; und doch hatte er hier allein Gelegenheit, die Arbeitsmethode des Livius genau zu studieren[2]; denn nur in dem hannibalischen Kriege hat Polyb römische Ereignisse mit der dem livianischen Geschichtswerke ent-

---

[1] vgl. C. Peter, A. a. O. S. 10. [2] vgl. C. Peter, A. a. O. S. 83.

sprechenden Ausführlichkeit behandelt. Für die spätere Zeit hat er die römische Geschichte viel kürzer gefasst und von dieser kurzen Darstellung sind nur kümmerliche Ueberreste erhalten. Dagegen ist den Begebenheiten des griechischen Ostens eine solche Ausführlichkeit gewidmet, wie sie Livius für sein umfassendes Werk wünschen musste, und da er sich hier in der Hauptsache an Polyb als Griechen halten konnte, während für die römische Geschichte noch andere Berichterstatter in Betracht kamen, so ist es auch kein Wunder, dass Nissen bei Livius eine solche Aehnlichkeit wie in der griechischen Geschichte nicht mehr gefunden hat. Doch hat Livius den Polyb auch in den späteren römischen Partien etwas benutzt, wie schon Tillmanns gezeigt hat.

Eben so wenig hat Nissen bemerkt, dass die Arbeitsmethode des Livius in den einzelnen Abschnitten sehr verschieden gewesen ist, obschon dieser Gegensatz in der 4. und 5. Dekade deutlich hervortritt: wer anders urtheilt, behauptet, dass Livius bloss eine Copiermaschine war, oder dass er, wenn wirklich Mensch, die Sprache nicht genügend beherrschte um selbständig zu schreiben; aber gerade nach dieser Seite besteht kein Zweifel über seine Befähigung. Nicht minder täuschend und verderblich war Nissens Uebertragung der Entdeckung Rankes, dass die Geschichtschreiber des 15. und 16. Jahrhunderts ihre Vorgänger abgeschrieben haben. Diese Art von Geschichtschreibung mag zu dem Anfang oder der Entartung einer Litteratur passen; für die Blüthezeit ist sie niemals bewiesen worden, auch nicht für die Römer und die Griechen, obwohl dieselben sich nicht gescheut haben, ihre Vorgänger mehr auszunutzen, als heutzutage erlaubt ist. Dies ist aber immerhin noch weit entfernt von einem sklavischen Abschreiben. Trotz dieses Fehlers in der Ausführung müssen wir doch Nissen zugeben, dass in einer Untersuchung, wo die primären Quellen beinahe vollständig verloren sind, eine Hypothese über die Compositionsweise im Allgemeinen eine unentbehrliche Grundlage ist, nur dürfen wir diese keinesfalls auf einen Vergleich von modernen Verhältnissen stützen, sondern nur das Wesen der antiken Geschichtsschreibung in

Betracht ziehen und, wo sie unzweifelhaft ist, die Arbeitsmethode anderer römischer Schriftsteller vergleichen.

Es ist schon so oft behauptet worden, dass Livius unmöglich
mehrere Quellen zu gleicher Zeit benutzt habe, dass ich es für
nöthig halte, die antike Praxis des Excerpirens, Diktierens und
Abschreibens nochmals anschaulich zu machen. Schon C. Peter[1])
hat auf Varros, Ciceros[2]), Quintilians umfassende Lektüre
und Schriftstellerei aufmerksam gemacht; auch citirte er für
die Gewohnheit des Excerpirens den Plinius, (n. h. Vorrede,
§ 17), des jüngeren Plinius Briefe (5, 8, 12), Lucian (De
cons. hist. 47—49) und Cassius Dio (72, 23), wo derselbe
versichert, in zehn Jahren den Stoff für seine römische
Geschichte gesammelt und 12 auf die Ausarbeitung verwendet
zu haben. Ueber die Art der Quellenbenutzung des älteren
Plinius sind wir durch die der Vorrede folgenden Quellenangaben unterrichtet;[3]) doch sind auch sehr bezeichnend einige
Stellen in Plinius, Ep. 3, 5;[4]) vgl. § 10, si quid otii, iacebat
in sole, liber legebatur, adnotabat excerpebatque. Nihil enim
legit quod non excerperet; wo die veränderte Verbalform
(legebatur, adnotabat) beweist, dass der Vorleser und der
Excerpte machende Plinius verschiedene Personen sind. § 14,
dum destringitur tergiturque (beim Bade), audiebat aliquid
aut dictabat. in itinere quasi solutus ceteris curis huic uni
vacabat; ad latus notarius cum libro et pugillaribus, cuius
manus hieme manicis muniebantur.—; § 17, hac intentione tot
ista volumina peregit electorumque commentarios centum
sexaginta mihi reliquit, opisthographos quidem et minutissime
scriptos; qua ratione multiplicatur hic numerus: d. h. Plinius
liess einen ‚lector' vorlesen, dabei excerpirte er entweder
selbst oder diktirte seine Notizen; so war seine grosse

[1]) A. a. O. S. 7.
[2]) Für die Schrift de inventione steht ziemlich fest, dass Cicero
eine griechische Quelle (Hermagoras?) mit einer lateinischen (Cor-
nificius) kombiniert habe, doch scheint er in einigen späteren nur
eine Quelle in jedem Abschnitt gehabt zu haben. vgl. R. Hirzel.
Zu Cic. phil. Schriften. Leipzig, 1877—83.
[3]) vgl. Munzer, Beiträge z. Quellenkritik der Naturgeschichte
des Plinius. Berlin, 1897.
[4]) vgl. Jones, Anc.Writers on Greek Sculpt. Lond.1895. Intro.S.25.

schriftstellerische Thätigkeit möglich. Dass Varro dieselbe Arbeitsweise anwandte, beweisen die .700 Bücher, die er geschrieben hat. Nicht anders arbeitete Cicero, wie unter anderen die folgenden Stellen zeigen: De Invent. 2, 4, „non unum aliquod proposuimus exemplum, cuius omnes partes — — — exprimendae nobis necessarie viderentur, sed *omnibus unum in locum coactis scriptoribus*, quod quisque commodissime praecipere videbatur, excerpsimus." De Off. 1, 6, „sequemur — — — — potissimum Stoicos, non ut interpretes, sed, *ut solemus*, e fontibus eorum *iudicio arbitrioque nostro, quantum quoque modo videbitur*, hauriemus." So versichert uns auch Quintilian, dass er mehrere Quellen benutzt und verglichen habe: vgl. Proem. 1, „diu sum equidem reluctatus, quod *auctores utriusque linguae* clarissimos non ignorabam multa, quae ad hoc opus pertinerent, diligentissime scripta posteris reliquisse. Sed qua ego ex causa faciliorem mihi veniam meae deprecationis arbitrabar fore, hac accendebantur illi magis, quod inter diversas opiniones priorem et quasdam etiam inter se contrarias difficilis esset electio; ut mihi si non inveniendi nova at certe *iudicandi* de veteribus iniungere laborem non iniuste viderentur." Für die Uebersicht der antiken Litteratur, welche er zu Anfang des 10. Buches giebt, ist es nachgewiesen, dass er den Theophrast (10, 1, 27) und den Dionysius von Halicarnass (resp. dessen Quelle Caecilius), in seinen Urtheilen über römische Autoren den Varro (10, 1, 99) wie den Cicero benutzt, aber auch wieder, beispielsweise über Domitian, seine eigene Ansicht vorgelegt hat.

Hier haben wir ein deutliches Bild der Arbeitsweise der antiken Schriftsteller. Dass sie die einzige sei, behaupte ich nicht, doch dagegen kommt die Nissen'sche Abschreibemethode oder das sogenannte ‚Einquellenprincip' nicht in Betracht, weil sie niemals bewiesen worden sind; jedenfalls nicht mit Nissens Versuch, eine Quelle Plutarchs in Lapo da Castiglionchios lateinischer Uebersetzung von Plutarchs Cato Minor nachzuweisen. vgl. H. Nissen, Vitae Catonis fragmenta Marburgensia. Marburg, 1875. Dagegen hat G. Voigt (Wiederbel. d. klass. Altert. I² S. 369) deutlich gezeigt, dass Nissens

Handschrift nur die Arbeit eines Italieners des 15. Jahrhunderts enthielt: vgl. auch A. v. Gutschmid. Lit. Centralbl., 1875. n. 35.

Wir finden also bei den Römern eine ganz natürliche Art der Schriftstellerei; dieselbe haben gewiss auch die Geschichtschreiber benutzt, insofern sie überhaupt nach litterarischen Quellen arbeiteten: denn hier sprechen wir nicht von Historikern, wie Thukydides, Xenophon oder Caesar, welche ihre Werke ganz oder vorwiegend auf Grund eigener Erfahrungen geschrieben haben. Für die grosse Mehrzahl aber gilt die Compositionsweise, wie sie C. Peter (A. a. O. S. 7) sich vorgestellt hat: „nämlich, erst das Material möglichst vollständig zu sammeln; d. h. also die Quellenschriftsteller durchzulesen und sie sich gedächtnismässig (durch wiederholte Lektüre) oder durch Excerpte anzueignen; hiernach sich einen Entwurf zu machen (indem man das Brauchbare von dem Unbrauchbaren sonderte) und dann nach dem Entwurf das Ganze frei — — auszuarbeiten."

Bisher habe ich die Ansicht der Römer von der Geschichtschreibung absichtlich übergangen; dass aber sie im wesentlichen dieselbe ist, wie die oben geschilderte, steht fest. Dafür hat Berns (Zu Ciceros Ansicht von der Geschichte. Siegen, 1880) mehrere wichtige Angaben zusammengestellt; die Hauptaufgabe findet er mit Cicero in dem „opus oratorium" (De Leg. 1, 2, 5); überall spricht er von einer freien Benutzung der Quellen, von Abschreiben ist nirgends die Rede; doch hat er die wichtigste Stelle (Cic. Epist. 5, 12) übersehen. Cicero bittet seinen Freund Lucceius, er möge die Geschichte seines Consulates schreiben, wozu er ihm das Actenmaterial, d. h. eine Skizze der Thatsachen, zur Verfügung stellen wollte. Obwohl der ganze Brief sehr bezeichnend für die Aufgabe des Historikers ist, kann ich hier doch nur einige Sätze herausheben; vgl. § 2, „et simul, si uno in argumento unaque in persona (Cicero) mens tua tota versabitur, cerno iam animo, quanto omnia *uberiora* atque *ornatiora* futura sint": jedenfalls ist eine sehr freie Bearbeitung verlangt; so auch § 3, „ Itaque te plane etiam atque etiam rogo, ut et *ornes ea vementius* etiam, quam fortasse sentis, et in eo

leges historiae neglegas." Von der Skizze, welche Lucceius
bekommen sollte. schreibt Cicero § 10, „Si enim suscipies
causam, conficiam commentarios rerum omnium."

Ungefähr dieselbe Vorstellung von der Geschichtschreibung
hat Quintilian 10, 1, 31. Auch der jüngere Plinius erwartete
nicht, dass Tacitus ihn abschreiben würde, als er ihm auf
seinen Wunsch einen ausführlichen Bericht über den Tod
seines Onkels sandte: Ep. 6, 16, 1, „Petis ut tibi avunculi
mei exitum scribam, quo verius tradere posteris possis"; —
§ 22, „Tu potissima excerpes. Aliud est enim epistulam
aliud historiam, aliud amico aliud omnibus scribere." Von
sich selbst berichtet uns Plinius, Ep. 6, 20, 5: „agebam enim
duodevicensimum annum; posco librum Titi Livi et quasi per
otium lego atque etiam, ut coeperam, *excerpo.*" Die „Commentarii" des älteren Plinius waren wohl nichts anders, als
solche bei der Lectüre entstandene Excerpte (vgl. oben). In
ihrem Zweck wenigstens sind die Commentarii Caesars
ähnlich, da der Verfasser diese nicht als eine historiographische
Leistung auffasste, sondern als Vorlage für einen Anderen:
vgl. Cic. Brutus, 262, (über Caesar) „atque etiam commentarios quosdam[1]) scripsit rerum suarum. Valde quidem, inquam,
probandos: nudi enim sunt. recti et venusti, omni ornatu
orationis tamquam veste detracta. Sed dum voluit alios habere
parata, unde sumerent qui vellent scribere historiam, ineptis
gratum fortasse fecit, qui volent illa calamistris inurere: sanos
quidem homines a scribendo deterruit." Ähnlich urteilt
Hirtius, (Bell. Gall. 8, Praef. 4); „Constat enim inter omnes,
nihil tam operose ab aliis esse perfectum, quod non horum
elegantia commentariorum superetur. Qui sunt editi, ne
scientia tantarum rerum scriptoribus deesset, adeoque probantur
omnium iudicio, ut praerepta, non praebita facultas scriptoribus
videatur." vgl. Sueton. div. Jul. 56.

Ausserdem spielte das Gedächtnis bei den alten Autoren
eine wichtige Rolle: es giebt die Erklärung zahlreicher Fehler

---

[1]) Mit quosdam wollte Cicero sagen, dass der bescheidene Titel
Commentarii eigentlich nicht passe. da die Darstellung des rhetorischen Aufputzes (exornatio) nicht mehr bedürfe.

und Verwechselungen. war aber doch im Altertum ungleich
stärker ausgebildet als in neuerer Zeit; ein Paar Beispiele
aus Cicero werden genügen; vgl. Ep. ad Att. 13,44,3,
Brutus mihi T. Ligarii verbis nuntiavit, quod appelletur
L. Corfidius in oratione Ligariana, erratum esse meum; sed,
ut aiunt, μνημονικόν ἁμάρτημα: sciebam Corfidium pernecessarium
Ligariorum, sed cum video ante esse mortuum, da, igitur,
quaeso, negotium Pharnaci, Antaeo, Salvio, ut id nomen ex
omnibus libris tollatur". Ebenso müssen wir ad Att. 12,
6, 3 erklären; „ut etiam Oratorem legas? macte virtute! mihi
quidem gratum est et erit gratius, si non modo in libris tuis,
sed etiam in aliorum per librarios tuos, ,Aristophanem‘ repo-
sueris pro ,Eupoli‘."

Endlich bleibt noch ein Moment zu berücksichtigen: in
beinahe allen Untersuchungen neuerer Gelehrten über Quellenbenutzung finden wir an zahlreichen Stellen Ausdrücke, wie
„Hier ist Antias, Coelius u. s. w. eingesehen." womit ein
Abspringen von der Hauptquelle zugegeben wird. Ein solches
Verfahren ist immerhin möglich, und es anzunehmen ist für
die Erklärung oft recht bequem; doch erweckt die häufige
Benutzung dieser Annahme grosses Bedenken. Wenn uns
schon heutzutage mit allen unseren Hilfsmitteln und Registern
das Nachschlagen sehr mühsam ist, so war es für die antiken
Schriftsteller ungleich schwieriger; man vergegenwärtige sich
nur den Unterschied zwischen einem gedruckten Buche und
einer ohne Worttrennung geschriebenen Papyrusrolle. Wie
sollte man, da Kapitel- und Paragraphen-Einteilung fehlte.
eine bestimmte Stelle eines Buches herausfinden. Dazu kommt,
dass wir oft in unbestimmteren Ausdrücken, wie alia fama.
apud quosdam, mehrere Quellen angedeutet, wenn auch nicht
mit Namen des Autors citiert, finden. Wenn wir aber die
Möglichkeit eines solchen Nachschlagens zugeben, dürfen wir
doch fragen, wie wusste der Autor, dass Varianten in seinen
Quellen standen? Natürlich hatte er sie alle vorher gelesen.
und wenn so, wahrscheinlich auch excerpiert. So bleibt die
Notwendigkeit des Nachschlagens, nur wenn er an der Richtigkeit seiner Excerpte zweifelte, oder sich daran erinnerte,

dass andere gewünschte Angaben in seiner Quelle standen.
So weit diese Sache den Livius betrifft, scheint es wahrscheinlich, dass er den Polyb nicht immer offen vor sich hatte.
Die negativen Beweise, welche Schwegler, Nissen, Nitzsch
und andere gegen eine Benutzung des Polyb im 21. und
22. Buche geltend gemacht haben, sind gegenüber den positiven wertlos: sie zeigen nur. dass Livius die *betreffenden*
Stellen nicht im Original vor sich hatte. als er schrieb. Abweichungen erklären sich. wenn wir annehmen, dass Livius
sich den Polyb vorlesen liess und dabei einzelne Excerpte
machte, nachher aber auf nochmaliges Nachschlagen verzichtete. Doch möchte ich nicht zu viel auf eine solche Basis
bauen, da einige jener negativen Beweise, wie ich später
zeigen werde, nicht stichhaltig sind und die übrigen reichen
nicht aus. mehr als ein gelegentliches Verfahren des Livius
zu zeigen: jedenfalls ist eine Benutzung des Originals in den
grösseren polybianischen Abschnitten nicht dadurch ausgeschlossen.

Nachdem wir schon durch Zeugnisse der Römer ihre
Arbeitsmethode annähernd festgestellt haben, können wir
einige Beispiele anführen, um den allmälichen Übergang der
alten Arbeitsweise in das spätere Abschreiben deutlich zu
machen. Um hier von den letzten und bekanntesten Beispielen
auszugehen fangen wir mit einem unzweifelhaften Abschreiber,
mit dem Goten Jordanes an, der um 551 n. Chr. seine historia
Romana schrieb. In Mommsens Ausgabe (Mon. Ger. Hist. V,
Berlin, 1882) sind die Quellen genau angegeben. Dadurch
erfahren wir, dass Jordanes zwar zuerst in grösseren Abschnitten den Florus und Rufus abschrieb, aber in dem letzten
und grösseren Teil seiner Schrift, mehrere Quellen mosaikartig zusammengefügt hat. Hier war seine Compositionsweise
ungefähr dieselbe, wie sie Hesselbarth für Livius angenommen
hat. Wie trügerisch es wäre, das für Jordanes Bezeugte auf
ältere Historiker zu übertragen, lehren die folgenden Erwägungen; Jordanes war kein Römer, und zu seiner Zeit war
die römische Litteratur beinahe abgestorben. Aber wir
können noch bestimmter sagen: diese Art des Schreibens war

für Jordanes die natürliche, für Livius unmöglich, weil in
der Zwischenzeit der Gebrauch von viereckigen Pergament-
Codices die Rollenform der Papyrus Volumina verdrängt hat.
Der allgemeine Gebrauch der Pergament-Codices ist durch
den Einfluss der christlichen Kirche gefördert worden, weil
man bei dem Vorlesen der heiligen Schrift in der Kirche die
Handschrift offen vor sich haben musste, nicht mit beiden
Händen halten konnte, und für solche Bibelexemplare eignete
sich das solide Pergament besser als der leicht zerstörbare
Papyrus; etwa im 4. Jahrhundert n. Chr. mag die neue Sitte
durchgedrungen sein. Damit stimmt, dass unter den Fort-
setzern der Chronik des Hieronymus (vom Jahre 455 an)
diese Abschreibemethode völlig eingebürgert ist, wenn sie
auch ihre Quellen in kleineren Abschnitten mehr mosaikartig
zusammengesetzt, und keinesfalls so wörtlich ausgeschrieben
haben, wie Jordanes. Es bedarf keines Beweises, dass das
Abschreiben erst dann möglich war, als der Schriftsteller
seine Quellenbücher aufgeschlagen vor sich hatte, und dass
diese Möglichkeit erst mit der neuen Form der Codices ein-
trat, ist eben so klar. Das Verfahren, welches durch diese
Bequemlichkeit der Benutzung entstanden ist, musste sich
natürlich bald und weit verbreiten; und in der That ist dies
der Fall. Ein Beispiel für die spätere Zeit ist Isidor, der
in dem 17. Buche seiner Origines, nach Arevalo (Ausg. in
Patro. Lat. 82. Migne) die folgenden Quellen in kürzeren
Abschnitten ausgeschrieben hat: Dioscorides[1]), Plinius, Columella, Vitruvius, Solinus, Palladius, Varro, Vergil, Servius
und einzelne Kirchenväter. Oder untersuchen wir, um etwas
weiter zurückzugehen, den Orosius; wir brauchen blos die
Quellenangaben in Zangemeisters Ausgabe (Corp. Script.
Eccles. Lat. V) zu vergleichen, um zu erkennen, dass hier
auch eine Mosaikarbeit vorliegt; doch hat er gewöhnlich seine
Quellen etwas freier benutzt als die Vorhergenannten. Da
bekanntlich Orosius im Jahre 417 schrieb, so ist es wahr-

---

[1]) Dr. Hermann Stadler hat mir mitgeteilt, dass eine lateinische
Übersetzung von Dioscorides, nicht das griechische Original benutzt ist.

scheinlich, dass er seine Quellenautoren schon in Codicesform
las, und das müssen wir annehmen, wegen der grossen
Zahl seiner Quellen, welche in Rollen gleichzeitig zu benutzen für ihn eine Unmöglichkeit gewesen wäre. Immerhin mag er einer der ersten gewesen sein, welche so
verfahren sind, da wir in der unmittelbar vorhergehenden
Zeit bemerken, dass die Geschichtschreiber nur 2 oder
3 Quellen gehabt und, was wichtiger ist, diese viel freier
benutzt haben. Als Beweis für das letztere dient die Thatsache, dass Orosius der älteste ist, dessen Quellen wir fast
durchaus Satz für Satz bestimmen und zum Teile belegen
können; doch für einige Autoren vor Orosius haben die
Untersuchungen die Quellen nur im Allgemeinen festgestellt.
So hat der Verfasser der Epitome zu Aurelius Victors
Caesares (395 n. Chr.) für die 12 ersten Kapitel den Sue-
tonius und Aurelius frei kombiniert, ja sogar eine dritte
Quelle hinzugefügt, wenn wir nicht annehmen dürfen, dass
die Caesares ursprünglich vollständiger waren.[1])

Florus, Ampelius, Eutrop, und den unbekannten Verfasser
des Buches de viris illustribus, die auf ähnliche Weise 2 oder
3 Quellen zusammengesetzt haben, müssen wir später etwas
genauer behandeln, da diese Frage hier mit der Untersuchung
des Livius zusammenhängt. Wenn wir nun versuchen, einige
Beispiele von Quellenbenutzung aus der Blütezeit der
römischen Litteratur anzureihen, so finden wir die Sache
viel verwickelter. Seit 30 Jahren sind die Untersuchungen
auf diesem Gebiete mehr oder weniger von Nissens Ansicht
beeinflusst. Die Praxis besteht darin, an einigen Stellen die
Quelle, bezw. die Quellen, festzustellen, und dann zu behaupten,
dass diese die Quellen für das ganze Werk seien. Einige,
wie Soltau, sind so weit gegangen, dass sie ganze Werke
kapitelweise unter die verschiedenen Quellen verteilen. Trotzdem, dass ich alle derartige Versuche für verfehlt halte, muss
ich doch ihretwegen gerade für die Zeit des Livius die Frage

---

[1]) vgl. Wölfflin, Rh. Mus. 29, S. 282; Opitz, Quaest. de Sex.
Aurelio Victore. Acta Lips. II. S. 199.

offen lassen, obschon so viel unläugbar ist, dass die älteren
Geschichtschreiber mehr Quellen *citiert* haben als die der
späteren Zeit.

Aber glücklicherweise hat die Nissen'sche Untersuchungsmethode sich nicht mit der ganzen Litteratur beschäftigt;
ein Gebiet ist frei geblieben, das der Poesie, und darin sind
wenigstens die Komödie, die didactische und die epische
Poesie als Vergleiche sehr lehrreich; denn Plautus und Terenz
geben selbt zu, dass sie oft zwei Quellen contaminiert haben,
obschon sie eigentlich nur eine übersetzen durften. So finden
wir bei Lucrez, der sich die Übertragung der epicureischen
Philosophie zum Ziele setzte, neben Epikur auch Empedokles,
Thukydides und andere als Quellen benutzt. Dasselbe dürfen
wir auch für Valerius Flaccus behaupten, obschon die Quellen
für seine Abweichungen von der Argonautica des Apollonius
Rhodius noch nicht festgestellt sind. Besonders lehrreich,
um ein historisches Beispiel zu nehmen, ist Silius Italicus,
weil die Untersuchungen von Wezel[1] Heynacher[2], Kerer[3],
Schlichteisen[4] und Bauer[5] festgestellt haben, dass er Livius,
Ennius, einige Annalisten und vielleicht noch andere kombiniert und in sein Epos verarbeitet hat. Wenn ein Dichter
so verschiedene geschichtliche Quellen benutzen konnte,
warum nicht ein Geschichtschreiber? Dies kann man unmöglich läugnen, da schon ein Beispiel genügt hätte, die
Möglichkeit eines solchen Verfahrens festzustellen. Doch
sind die verschiedenen lateinischen Schriftsteller sowohl durch
die Zeit wie durch den Zweck ihrer Schriftstellerei sehr beeinflusst worden und, indem wir uns nun zu der eigentlichen
Quellenuntersuchung wenden, müssen wir deswegen es immer
für möglich halten, dass sie ihre Vorlagen kombiniert, um-

---

[1] De C. Silii Italici cum fontibus tum exemplis. Lipsiae, 1873.
[2] Über die Stellung des S. Italicus unter den Quellen zum
2. pun. Kriege. Nordhausen, 1877.
[3] Über die Abhängigkeit des Sil. Ital. v. Livius. Progr. Bozen, 1881.
[4] De fide historica Silii Italici quaes. hist. et phil. Regimonti, 1881.
[5] Das Verhältnis der Punica des C. Sil. Italicus zur 3. Dekade
des Livius. Erlangen, 1883.

gearbeitet oder ausgeschrieben haben, wie in jedem Falle
die Thatsachen lehren.

II. Die durch Zusätze erweiterte verlorene Epitome Livii.

Unsere Aufgabe muss es sein, zunächst unter Aus-
schluss des Livius die Quellen der anderen Historiker des
hannibalischen Krieges so weit wie möglich festzustellen,
weil hier die Frage oft weniger verwickelt ist als bei Livius
selbst, welchen wir für den letzten Hauptteil unseres Werkes
zurücklegen; auch liegen gerade hier mehrere vorzügliche
Untersuchungen vor. Schon Niebuhr in seiner römischen
Geschichte III[2], 479 (vgl. Vorträge I. 58, Isler) hatte ver-
mutet, dass Eutrop, Orosius und die Periochae Livii aus
einer verlorenen Epitome geflossen seien. Später hat Leutsch[1])
auf eine Übereinstimmung zwischen Velleius Paterculus 2,10
und Liv. Per. 45 aufmerksam gemacht; er scheint aber sich
so auszudrücken, als ob Velleius die uns erhaltenen Periochae benutzt habe. Doch wie dem auch sei, jedenfalls ist
Niebuhrs Gedanke sehr lange unfruchtbar geblieben. Erst
Mommsen[2]) hat wirklich Beweise dafür beigebracht, und
ihm folgend haben Zangemeister[3]) und Ay[4]) den Umfang
und die Benutzung dieses verlorenen Werkes in ein helleres
Licht gerückt. Danach haben wir uns diese Epitome vor-
zustellen, etwa wie den Justin im Verhältnis zu Trogus
Pompeius, den Paris oder Nepotianus im Vergleiche zu Valerius Maximus. Wir müssen aber für sie einzelne Zusätze
oder Abänderungen des Verfassers von vornherein erwarten,
weil in den uns erhaltenen Periochae, welche ein zweiter
Auszug aus der Epitome sind, wie Paulus aus Festus, solche
vorkommen; doch über den Charakter dieser Zusätze wie

[1]) Index Scholarum. hib. 1859. Gottingae.
[2]) Abhandl. d. Kön. Sächs. Gesell. d. Wissenschaft. VIII. S. 552
und 696.
[3]) Festschr. z. Begrüss. d. 36. Philologenversam. in Karlsruhe,
S. 87. 1882.
[4]) De Livii epitoma deperdita. Lipsiae 1894. vgl. auch Thouret,
Jahr. f. class. Phil. sup. XI, 1880. S. 182.

auch über die Entstehungszeit der Epitome sprechen wir erst
später. Die ausgedehnte Benutzung dieser von Hieronymus
als Historia Romana[1]) citierten Epitome, welche Jahrhunderte
lang die beinahe alleingebrauchte römische Geschichte war,
macht die weitere Vermutung wahrscheinlich, dass neben
den Periochae noch andere Auszüge vielleicht von grösserem
Umfang existiert haben, wie auch die Spuren einer verkürzten aus lauter Substantiven bestehenden Periocha in den
Handschriften derselben erhalten sind[2]). Die Annahme eines
solchen Auszuges wird gleich in der folgenden Untersuchung
über die spätere Überlieferung der römischen Geschichte
bestätigt.

a. Orosius.

Für Orosius ist Mörners[3]) Untersuchung grundlegend;
nur müssen wir, was er Livius nennt, überall als Epitome
Livii bezeichnen und dann noch einige Ergänzungen und
Berichtigungen machen. So hat Mörner (S. 55) auf mehrere
Stellen hingewiesen, die Orosius, welcher zur Zeit der Ab-
fassung seines Werkes mit Augustin verkehrte, auf Grund
dieses Umganges ohne eine bestimmte litterarische Quelle
geschrieben haben soll. In einigen Fällen scheint er nun
unbedingt Recht zu haben, während an anderen eher eine
gemeinschaftliche Quelle anzusetzen ist. Um ein Beispiel
herauszugreifen, vergleichen wir:

Orosius, 4, 2, 2.	Augustin, civ. d. 3, 17.
— pestilentia gravis urbem ac fines eius invasit: quae cum *omnes* tum praecipue mulieres pecudesque corripiens *necatis in utero fetibus futura prole vacuabat, et immaturis partubus cum periculo matrum extorti abortus proiciebantur,* adeo ut defectura successio et defuturum animantum genus adempto vitalis partus legitimo ordine crederetur.	pestilentia gravis exorta est mulierum. Nam priusquam maturos partus ederent, gravidae morie- bantur. — pecudes quoque simi- liter interibant, ita ut iam de- fecturum genus animalium cre- deretur.

1) vgl. unten. S. 50.
2) z. B. lib. I. Adventus Aeneae in Italiam et res ab eo gestae.
Ascanii regnum Albae. Porta Jani clausa. Metii Fufeti supplicium.
Trigeminorum pugna.
3) De Orosii vita eiusque hist. libris septem adv. paganos. Berolini, 1844. vgl. auch Köhler, Qua ratione T. Livii annalibus usi sint
hist. Latini atque Graeci. Preisschrift. Göttingen, 1860.

Hier ist Orosius in der Beschreibung der Krankheit
nicht nur bestimmter und ausführlicher, sondern auch etwas
verschieden (die Abweichungen sind cursiv gedruckt). Die
Notwendigkeit mit Zangemeister (ed. Oros. z. St.) und Ay
(S. 42) die Civitas dei als Nebenquelle anzunehmen liegt
nicht vor, da solche Pestbeschreibungen bei Livius mehrfach
vorkamen, wie man schon aus Obsequens (prodig. 30, in
Africa . . . gravis pestilentia . . . pecori . . . hominum) er-
sieht. Dieselbe Pest ist auch Per. Liv. 60 und von Augustin,
civ. d. 3,31 erwähnt (vgl. Ay S. 44).

Ein sehr deutliches Beispiel ist auch Liv. 8, 18, 3 (in-
famem annum pestilentia . . . matronas ea venena coquere),
woraus Augustin, civ. d. 3, 17, (pestilentia gravis de venenis
matronarum), wie auch Oros. 3, 10, 2[1]) gezogen sind[2]).

Noch weniger passt Mörners Erklärung für Orosius 3,
4, 1, (adsolet — — turbata temperies — aura corrumpens —
[infirmitates] adferre), wo Zangemeister mit Recht eine un-
bekannte Quelle voraussetzt. Eine ähnliche Schilderung der
Ursachen einer Pest bei Pseudo-Clemens, Recogn. 8, 45 flg.
(Patr. I S. 139, 2 Migne), beweist, dass diese Vorstellung
älter als Orosius ist. Auch die Thatsache, dass eine christ-
liche Erklärung „si quando pro peccatis hominum plaga et
corruptio terris iniicitur" zuerst steht, und dass „iusta mutata
temperies, corruptio oritur" und „aura pestilens" erst die
zweite Stelle einnehmen, lässt uns vermuten, dass wir nur
eine Variante der epikureischen Lehre bei Lucrez, 6, 1090 flg.
vor uns haben; und dass die Epitome Livii diese so wohl
dem Pseudo-Clemens, wie auch dem Orosius vermittelt habe,
scheint mit Rücksicht auf die obenbesprochenen Pestschilde-
rungen nicht unwahrscheinlich.

Nicht leicht zu erklären ist Orosius, 4, 14, 6, wo von
zwei Schlachten an der Trebia die Rede ist. Zangemeister
sucht die Erklärung in einem durch Eutrop veranlassten
Misverständnis, allein ohne Grund; vielmehr haben wir eine

---

[1]) vgl. Zangemeister, Orosius z. St.
[2]) vgl. Ay, S. 26, für ein drittes Beispiel.

Fortbildung der Version von Nepos, Appian und anderen,
wonach beide Konsuln an der Schlacht beteiligt waren,
während nach Livius Scipio krank im Lager blieb. vgl.
besonders Nepos, Hann. 4, 2; „Scipio cum Ti.
Longo apud
Trebiam adversus cum venit: cum iis manum conseruit:
utrosque profligavit.“ Durch einen Versuch, diese Angabe
mit dem livianischen Bericht zu vereinigen, sind in späterer
Zeit die zwei Schlachten entstanden. Zuerst aber vergleichen
wir die Berichte

Orosius, 4, 14, 6.	Commenta Bernensia ad Lucanum. 2. 46 (ed. Usener).	Eutrop, 3, 9, 1.
— inter ferocissimas Gallorum gentes — ad Alpes pervenit — ad plana pervenit. — Scipio consul Hannibali primus occurrit commissoque proelio *apud Ticinum* ipse graviter vulneratus per Scipionem filium admodum praetextatum, *qui post Africanus cognominatus est, ab ipsa* morte liberatus evasit. *caesus est ibi omnis paene Romanus exercitus.* pugnatum deinde eodem consule ad flumen Treviam iterumque Romani *pari clade* superati sunt. Sempronius consul *cognito collegae casu a Sicilia cum exercitu rediit:* qui similiter apud eundem fluvium *congressus, amisso exercitu paene solus evasit*	Venienti Annibali de Hispaniis *per Gallias ad Italiam* Scipio consul primus occurrit, qui commisso proelio ipse graviter vulneratus per Scipionem filium admodum praetextatum morte liberatus evasit. deinde eodem consule pugnatum ad fluvium Trebiam, ubi iterum Romani sunt superati ab Annibale. Sed et Sempronius consul identidem alio proelio aput eundem fluvium ab eodem Annibale superatus est.	P. Cornelius Scipio Hannibali primus occurrit. Commisso proelio fugatis suis ipse vulneratus in castra rediit.

Livius Per. 21.

Hannibal — *per Gallias* — *ad* Alpes venit et — descendit in *Italiam* et ad Ticinum flumen Romanos fudit: in quo vulneratum P. Cornelium Scipionem protexit filius, qui Africani postea nomen accepit. Iterumque exercitu Romano ad flumen Trebiam fuso —.

Eutrop. 3, 8, 3.

Sempronius Gracchus cognito ad Italiam Hannibalis adventu ex Sicilia exercitum Ariminum traiecit — (3, 9, 1.) Sempronius Gracchus et ipse confligit apud Trebiam amnem. *Is quoque vincitur.*

Florus, 1, 22, 10: — „turbo inter Padum atque Ticinum
— detonuit. tum Scipione duce fusus exercitus; saucius etiam
ipse venisset in hostium manus imperator, nisi protectum
patrem praetextatus admodum filius *ab ipsa morte* rapuisset.
hic erit *Scipio, qui in exitium Africae crescit, nomen ex
malis eius habiturus. Ticino* Trebia succedit.“ (Die Ab-

weichungen zwischen Orosius und Commenta Bernensia sowie
die zum Vergleich angeführten Stellen sind cursiv gedruckt.)
Die Übereinstimmung zwischen Orosius und den Commenta Bernensia zu Lucan ist so auffallend, dass Usener
durch die unzweifelhafte Benutzung des Orosius an anderen
Stellen beeinflusst, diesen Autor als Quelle des Scholiasten
angegeben hat Wir können daran schon darum nicht glauben,
weil in der ersten Zeile „per Gallias ad Italiam" viel näher
der Per. Liv. 21 „per Gallias ad Alpes — in Italiam" steht,
als der Wendung des Orosius, inter ferocissimas Gallorum
gentes — ad plana; vgl. auch De. vir. ill. 42,3 Alpibus
patefactis in Italiam traiecit, und Augustin, civ. d. 3, 19
(Ay. A. a. O., S. 27.). So ist am Ende der Commenta Bernensia superatus est mit Eutrop vincitur zu vergleichen und
nicht mit Orosius, amisso exercitu paene solus evasit. Noch
schlagender ist, dass alle Zuthaten des Orosius selbst (wie
caesus est ibi omnis paene Romanus exercitus und pari clade)
in den Commenta fehlen. So fehlen auch die Worte ab ipsa
vor morte, die aus Florus stammen, und Sempronius consul
cognito collegae casu a Sicilia cum exercitu rediit, was auf
Eutrops Sempronius Gracchus cognito ad Italiam Hannibalis
adventu ex Sicilia exercitum Ariminum traiecit zurückzuführen ist. Daher beweist diese merkwürdige Übereinstimmung nur, dass beide wie auch Eutrop einer Epitome
Livii ziemlich wörtlich gefolgt sind.

Diese kann aber nicht dieselbe Epitome sein, aus welcher
Florus und die Periochae Livii geflossen sind, da einige sachliche Übereinstimmungen (fudit und protexit mit fusus und
protectum) bei den anderen drei anders ausgedrückt sind:
so haben statt fudit Orosius und Commenta Bernensia evasit,
Eutrop in castra rediit, und statt protexit Orosius und Commenta Bernensia liberatus. Doch ist die allgemeine Ähnlichkeit, welche unsere Vergleiche deutlich gemacht haben, gross
genug zu beweisen, dass die Epitome Livii wirklich von
allen, wenn auch nicht direkt, benutzt worden ist. So bleibt
allein übrig einen Auszug aus der Epitome als gemeinsame
Quelle für Eutrop, Orosius und die Commenta Bernensia

anzunehmen. Damit werden auch die zwei Auslassungen (apud Ticinum und qui post Africanus cognominatus est) bei Commenta Bernensia und Eutrop erklärt, da Orosius diese Ausdrücke aus Florus nehmen konnte.

Dasselbe Verhältnis finden wir in den folgenden Stellen.

Orosius. 4, 16, 1.

L. Aemilius Paulus et P.Terentius Varro consules contra Hannibalem missi impatientia Varronis consulis infelicissimo apud Cannas Apuliae vicum omnes paene Romanae spei vires perdiderunt. Nam in ea pugna XLIIII milia Romanorum interfecta sunt, quamquam *et de exercitu Hannibalis magna pars caesa est. Nullo tamen Punico bello Romani adeo ad extrema internecionis adducti sunt.* periit enim in eo consul Aemilius Paulus. *consulares aut praetorii viri XX interfecti sunt. senatores vel capti vel occisi sunt XXX, nobiles viri CCC. pedestrium militum XL milia, equitum III milia quingenti.* Varro consul cum L equitibus *Venusium* fugit. *Nec dubium est ultimum illum diem Romani status futurum fuisse, si Hannibal mox post victoriam ad pervadendam urbem contendisset.* Hannibal in testimonium victoriae suae tres modios anulorum aureorum Carthaginem misit, quos ex manibus interfectorum equitum Romanorum senatorumque detraxerat.

Commenta Bernensia 2, 46.

Lucius Aemilius Paulus et Publius Terentius Varro consules contra Hannibalem missi impatientia Varronis consulis infelicissimo aput Cannas Apuliae vicum omnes paene spei Romanae vires perdiderunt. Nam in ea pugna XLIIII milia Romanorum interfecta sunt,

consul Aemilius Paulus periit,

Varro cum L equitibus *Venusiam* fugit.

Ac tunc Hannibal in testimonium victoriae suae tres modios anulorum aureorum Carthaginem misit, quos ex manibus senatorum equitumque Romanorum detraxerat.

Eutrop, 3, 10, 1.

L. Aemilius Paulus
P. Terentius Varro contra Hannibalem mittuntur Fabioque succedunt — Verum cum impatientia Varronis consulis contradicente altero consule apud vicum, qui Cannae appellatur, in Apulia pugnatum esset.

In ea pugna tria milia Afrorum pereunt; *magna pars de exercitu Hannibalis sauciatur. Nullo tamen* (proelio Rühl) *Punico bello Romani gravius accepti sunt.* Periit enim in eo consul Aemilius Paulus *consulares aut praetorii XX, senatores capti aut occisi XXX, nobiles viri CCC, militum XL milia, equitum III milia et quingenti.*

Livius, 22, 49, 14.

consul alter — cum quinquaginta fere equitibus *Venusiam* perfugit.

Florus, 1, 22, 19.

dubium deinde non erit quin ultimum illum diem habitura fuerit Roma.

Eutrop, 3, 11, 2.

et tres modios anulorum aureorum Carthaginem misit, quos ex manibus equitum Romanorum, senatorum et militum detraxerat.

Für Apuliae vicum vgl. auch Florus 1, 22, 15: Cannae, ignobilis Apuliae vicus; dazu Per. Liv. 22 für die Konsulnamen am Anfang und Augustin, civ. d. 3. 19 für die Geschichte von den goldenen Ringen der bei Cannae gefallenen Ritter.

Hier bemerken wir ebenfalls, dass die Comm. Bern. mit den Teilen des Orosius und des Eutrop, welche aus dem Auszuge stammen müssen, wörtlich übereinstimmen, wogegen die Teile, welche Orosius aus Eutrop und Florus gezogen hat (kursiv gedruckt), gänzlich fehlen. Es ist weiter zu bemerken, dass Orosius hier den Eutrop auch wörtlich abgeschrieben hat. Venusium bei Orosius ist schwerlich als Textverderbnis zu erklären, da es in allen guten Handschriften steht; da aber Eutrop und die Commenta Bern das richtige Venusiam bieten, so ist der Fehler dem Orosius selbst zuzuschreiben. Rühls Zusatz (proelio) bei Eutrop 3, 10, 3 ist unnötig, wie die Übereinstimmung mit Orosius beweist, und weil bellum in Spätlatein so viel als proelium bedeutet.

Weniger unzweifelhaft ist folgende Stelle:

Orosius, 4, 20, 39.	Commenta Bernensia, 3,158.	Per. Liv. 44.
Postea cum eo L. Aemilius Paulus *consul dimicavit* et vicit. *Nam XX milia peditum in eo bello interfecit;* rex cum equitatu subterfugit, sed continuo captus atque in triumpho cum filiis *ante currum actus est* et post apud Albam in custodia defecit. Filius eius iunior fabricam aerariam ob tolerandam inopiam Romae didicit ibique consumptus est.	Perseus — cum quo Aemilius Paulus post multa proelia ante acta bellum atrox gessit et vicit. qui o proelio cum equitatu fugiens captus est et in triumphum cum filis *ante currum ductus* ac post aput Albam in custodia defecit, cuius filius iunior fabricam aerariam Romae didicit ob tolerandam inopiam ibique consumptus est.	Paulus — in Macedoniam profectus vicit Persen. Eutrop. 4, 7, 1. Cum Perseo autem Aemilius Paulus *consul* III Nonas Septembres *dimicavit* vicitque eum *viginti milibus peditum eius occisis*. equitatus cum rege integer fugit. Per. Liv. 45. Paulus — — triumphavit et Persen cum tribus filiis *duxit ante currum.*

Vgl. auch De vir. ill. 5, 3: tamen *in triumphum duxit* und Ammianus Marcellinus 14, 11, 31: Persei legitimum filium artem ferariam ob quaerendum docuit victum.

Hier machen wir die Beobachtung, dass nam XX milia — interfecit und auch die Worte consul dimicavit in den

Commenta fehlen; und gerade diese hat Orosius aus Eutrop
gezogen. Noch grösseren Wert legen wir aber darauf, dass
die Commenta „ante currum ductus" mit Per. Liv. 45 duxit
ante currum und mit De vir. ill. in triumphum duxit übereinstimmen, wogegen Orosius actus est hat. Noch merkwürdiger jedoch ist die enge Verwandtschaft zwischen Eutrop,
Orosius und den Commenta Bernensia, die hier wieder auf
die Benutzung eines Auszuges statt der grösseren Epitome
hindeutet.

Mit der Hilfe von Mörners Untersuchung wie auch von
Zangemeisters Ausgabe können wir nun die Quellen des
Orosius für die ältere römische Geschichte bis zum Ende
der Republik bestimmen; sie sind in erster Linie ein Auszug
aus der Epitome Livii und Eutrop, seltener Florus und
Hieronymus.

b. Eutrop.

Litteratur: Pirogoff, De Eutropii breviarii ab urbe cond.
ac fontibus, Berolini, 1873; für andere Schriften vergleiche
man Wagener, Bericht zu Eutrop, Philol. Bd. 45, S. 300;
45, S. 509: dazu kommen noch Zangemeister und Ay. Unser
für Orosius gewonnenes Ergebnis, dass dessen Quelle nicht
der vollständige, sondern ein verkürzter Livius gewesen ist,
muss auch auf Eutrop übertragen werden. Obschon unsere
unter Orosius gegebenen Beispiele der Benutzung eines Auszuges aus der Epitome Livii statt der Epitome selbst auch
für Eutrop zählen, fügen wir noch einige hinzu:

Eutrop, 2, 26, 1.	Orosius, 4, 10, 3.
P. Claudio Pulchro L. Iunio con-sulibus Claudius . . . victus est. Nam ex ducentis et vi-ginti navibus cum triginta fugit, nonaginta cum pugna-toribus captae sunt, demersae ceterae. Alius quoque consul naufragio classem amisit.	Claudius consul cum classe centum viginti navium . . . superatus est et ipse quidem cum triginta navibus Lily-baeum in castra confugit, reli-quae omnes, id est nonaginta, aut captae aut demersae fue-runt: octo milia militum caesa, viginti milia capta referuntur. Gaius quoque Iunius collega Claudi universam classem naufragio amisit.

Trotz der wörtlichen Übereinstimmung (gesperrt gedruckt)
ist an eine Benutzung des Eutrop durch Orosius nicht zu
denken, da der letztere Lilybaeum erwähnt und die Zahlen
octo milia und viginti milia gegeben hat. Auch kann das
richtige nonaginta aut captae aut demersae bei Orosius nicht
aus Eutrops falscher Angabe nonaginta captae, demersae
ceterae stammen. Ein anderes Beispiel ist:

Eutrop. 2, 13, 4.	Orosius. 4, 1, 19.
Missi sunt contra Pyrrum duces P. Sulpicius et Decius Mus consules. Certamine commisso Pyrrus vulneratus est, elephanti interfecti, viginti milia caesa hostium, et ex Romanis tantum quinque milia; Pyrrus Tarentum fugatus.	Secunda inter Pyrrhum et Romanos consules pugna . . . victoria ad Romanos concessit . . . Pyrrhus, transfixo bracchio saucius, prior cessit e proelio. . . . elephanti . . caesa sunt in ea pugna V milia Romanorum, de exercitu vero Pyrrhi XX milia prostrata sunt, regis signa ablata LIII, Romanorum undecim amissa sunt.

Das Merkwürdige hier ist, dass beide Eutrop und Orosius
einen Sieg der Römer haben; nach der Epitome aber war
die Schlacht unentschieden: vgl. Per. Liv. 13, iterum adversus
Pyrrhum dubio eventu pugnatum est, und Florus 1, 13, 13,
ferae, quae primam victoriam abstulerunt, secundam parem
fecerunt. So hat der Verfasser des Auszuges, den Eutrop
und Orosius benutzten, diese Schlacht rhetorisch umgearbeitet
um einen Sieg der Römer daraus zu machen.

Andere Beispiele dieser engen Verwandtschaft zwischen
Eutrop und Orosius sind:

Eutrop 2, 22, 1; Orosius 4, 9, 5— 6.
„ 2, 23; „ 4, 9, 10—12.
„ 6, 3; „ 5, 23, 21.
„ 6, 25; „ 6, 17, 1.
„ 7, 1; „ 6, 18, 3.

Solche Stellen, wo eine wörtliche Übereinstimmung
existiert, sind zahlreich und ohne Zweifel oft so zu erklären,
dass Orosius den Eutrop direkt benutzt hat. In Fällen aber,
wo Orosius den ausführlicheren Bericht hat und Livius als
primäre Quelle nachweisbar ist, müssen wir den Auszug aus

der Epitome als vermittlende Quelle annehmen. Auf ein sehr schönes Beispiel haben Ay (S. 66) und Zangemeister (S. 102) hingewiesen; nur müssen wir um es richtig zu würdigen eine Emendation bei Eutrop machen.

Eutrop, 2. 24.

L. Caecilio Metello C. Furio Placido consulibus Metellus in Sicilia Afrorum ducem cum centum triginta elephantis et magnis copiis venientem superavit, viginti milia hostium cecidit, sex et viginti elephantos cepit, reliquos errantes per Numidas, quos in auxilium habebat, collegit et Romam deduxit ingenti pompa, cum [CXXX] elephantorum numerus omnia itinera compleret.

Orosius, 4. 9, 14.

L. Caecilio Metello C. Furio Placido consulibus Hasdrubal novus Carthaginiensium imperator cum elephantis centum triginta et equitum peditumque amplius triginta milibus Lilybaeum venit ex Africa et continuo cum Metello consule apud Panormum pugnam conseruit, sed Metellus ... superavit. XX milia Carthaginiensium in eo proelio caesa sunt, elephanti quoque sex et viginti interfecti centum et quattuor capti et per Italiam ducti maximum Italicis gentibus spectaculum praebuerunt.

Die letzte Zahl CXXX bei Eutrop ist von Hartel gestrichen und Rühl hat dies gebilligt: wahrscheinlich ist sie als Dittographie des vorausgehenden CVM zu fassen. Weiter aber ist ‚cepit‘ nach sex et viginti elephantos in ‚interfecit‘ zu korrigieren; die Veränderung wurde in Eutrop gemacht, um die Zahl CXXX aufrecht zu halten. Mit dieser Änderung ist die wunderbare Übereinstimmung (gesperrt gedruckt) der zwei Stellen nur vervollständigt. Dass Placido falsch für Pacilo ist, haben andere schon bemerkt, ein Fehler, der nur bei Eutrop und Orosius vorkommt.

Es ist allgemein anerkannt, dass Eutrop noch eine Quelle neben der Epitome Livii benutzt hat; welche aber diese sei, ist noch nicht festgestellt. Pirogoff dachte an einen Annalisten und, obwohl seine Beweise etwas an Wert verlieren, weil er die Epitome Livii verkannt hat, bleiben sie, wenn auch nur an einigen Stellen, immerhin wichtig (vgl. Ay, S. 65). Die Annahme einer biographischen Quelle (Hygin oder seines Nachfolgers) ist dagegen entschieden falsch. Der Beweis ruht auf Übereinstimmungen zwischen Eutrop, Florus, Ampelius, und De vir. ill.; aber alle diese Stellen sind jetzt für die Epitome Livii in Anspruch genommen; allein Ay hat darin Wageners wichtigsten Beweis gar nicht berücksichtigt. Es giebt nämlich einige Stellen, wo die obengenannten Autoren gegen die Angaben der Periochae übereinstimmen. Dies soll als Beweis dienen, dass die Epitome nicht die Quelle sein kann. An diesen Stellen aber haben die Periochae dieselben Angaben wie Livius, so weit wie es möglich ist, zu vergleichen. Da die anderen Hauptrepräsentanten der Epitome Augustin, Orosius und Rufus Festus auch von den Periochae abweichen, sind wir genötigt anzunehmen, dass der Verfasser[1]) der Periochae den vollständigen Livius gekannt und an einigen Stellen die Angaben der Epitome daraus korrigiert hat. So stimmt Per. Liv. 1 (Tarquinius Superbus ... cum regnasset annos XXV) mit Livius 1, 60, 3 (L. Tarquinius regnavit annos quinque et viginti) überein, wogegen Eutrop (1, 8) und Rufus Festus (2,) die Zahl XXIIII haben. (vgl. Ay, S. 50). Für die Dauer der ganzen Königszeit geben Augustin (3, 15) und Orosius, (2, 4, 13) wie auch Eutrop und Festus 243 Jahre, wo Livius (1, 60, 4) 244 hat. So ist es sicher, dass die Epitome in beiden Fällen eine zu wenig hatte. (vgl. Ay, S. 12).

Wie viele Scheffel die Ringe der bei Cannae gefallenen römischen Ritter gefüllt haben, war schon zur Zeit des Livius streitig. Er selbst glaubt der mündlich fortgepflanzten Ueberlieferung eines Scheffels (23, 12, 1), fügt aber hinzu, in anderen Quellen finde er drei Scheffel[2]) angegeben. Der Verfasser der Periochae vermittelt beides mit den Worten: anulos, quos excessisse modii mensuram traditur. Die Epitome dagegen muss ausschliesslich an den 3 Scheffeln festgehalten haben, weil Val. Max. 7, 2, ext. 16, Eutrop 3, 11, 3, Augustin, civ. d. 3, 19, Orosius 4, 16, 5, Schol. Lucan, 7, 408, Weber, Schol. Juvenal 2, 155 in diesem Masse zusammenstimmen.

---

[1]) Dass alle von demselben Verfasser sind, vgl. Wölfflin, Com. phil. in honorem Mommsen, S. 340.

[2]) vgl. auch Plin. n. h. 33, 20. Fronto. p. 220, Nab.

Einzig Florus 1, 22, 18 tritt für zwei Scheffel ein (modii duo anulorum) und diese Variante scheinen schon alte Liviuscodices gehabt zu haben, da (23, 12, 1) vor supra tris modios die Interpolation ‚dimidium‘ = dimodium erhalten ist. Ganz willkürlich möchte Ay (S. 11) sowohl bei Florus als auch in der Periocha drei Scheffel hineinemendieren. Für den Verfasser der Periochae steht es auch hier fest, dass er den vollständigen Livius gekannt und als Nebenquelle zu der Epitome benutzt hat.

Noch eine Stelle finden wir Per. Liv. 7, wo von dem Zweikampf des M. Valerius mit dem Gallier erzählt wird. Die Epitome nannte ihn nur M. Valerius Corvinus: vgl. Val. Max. 3, 2, 6, Florus 1, 8, 20, Eutrop 2, 6, Ampelius, 22, 1, Orosius 3, 6, 5, De vir. ill. 29. Livius bei der Erzählung des Kampfes (7, 26) nennt ihn Corvus und so auch an den meisten anderen Stellen, obschon Corvinus zweimal vorkommt. In Per. Liv. 7 finden wir den Namen zweimal, nach der Handschrift N. (Nazarianus) erst Corvinus, dann Corvus, während die jüngeren Handschriften die beiden Namen in umgekehrter Reihenfolge geben. Jahn liest beidemal Corvus und mit Recht, da die gemeinsame Überlieferung mit Florus eine genügende Erklärung für die Änderung zu Corvinus giebt. So dürfen wir an dieser Stelle der Periochae den Einfluss des vollständigen Livius erkennen. Vgl. weiter:

Per Liv. 19, mit Florus 1, 18, 28, Eutrop 2, 24, Orosius 4, 9, 15.
„ „ 17 „ Orosius 4, 8, 4.
„ „ 52 „ „ 5, 4, 2.

Da wir an diesen Stellen den vollständigen Livius nicht haben, können wir nur den Unterschied zwischen der Epitome und den Periochae constatieren, doch liegt die Vermutung sehr nahe, dass der Verfasser der Periochae auch hier aus seiner Kenntnis des grösseren Werkes die Angaben der Epitome korrigiert hat. So wird durch Wagners Versuch eine biographische Quelle für Eutrop zu finden nur gezeigt, dass Ampelius an einigen Stellen von der Epitome in irgend einer Weise abhängig ist. Für Eutrop haben wir nichts gewonnen und es wird nötig sein, bei Pirogoffs Annahme zu bleiben.

Ich glaube nicht, dass es möglich ist, diesen Annalisten zu nennen, da Eutrop ihn nicht sehr viel benutzt hat, doch sollte der Versuch gemacht werden, seine Zeit wenigstens näher zu bestimmen.

c. Pseudo-Victor, de viris illustribus.

Litteratur: Hildesheimer. De libro qui inscribitur, De vir. ill. urb. Rom. quaes. hist. Berolini, 1880.
Wagner. a. a. O.
Rosenhauer. Symbolae ad. quaest. d. font. libri qui. ins. de vir. ill. Campoduni, 1882.
Vinkesteyn. De font. ex quibus script. l. de vir. ill. hausisse vid. Leyden, 1886.
Soltau. Neue Jahr. Phil. 1896. S. 123 und 357.

Nach Ays Dissertation (S. 13—65) dürfen wir nicht zweifeln, dass in dieser Schrift die Epitome Livii oft benutzt ist. Daneben sind nach Hildesheimer, Rosenhauer und Vinkesteyn auch Varro, Cicero, Annalisten und Elogia benutzt, wohl aber nicht direkt. Um diese vermittlende Quelle bezw. Quellen festzustellen hat Rosenhauer die Übereinstimmungen von Florus, Ampelius und De vir. ill. benutzt und daraus den Schluss gezogen, dass alle drei Autoren eine geschichtliche Quelle, vermutlich eine Epitome benutzt haben. Ziehen wir auch den Orosius und Eutrop hinzu, so sehen wir, dass die Hälfte seiner Beispiele zu der Epitome Livii gehören: die anderen dagegen weichen gänzlich von der Epitome ab und machen noch eine zweite gemeinschaftliche Quelle nötig.

Ein gutes Beispiel bieten die folgenden Stellen[1]):
Florus 1, 22, 28.; sic maceravit Hannibalem ut, quia frangi virtute non poterat, mora comminueretur.

Ampelius 18, 6: Fabius Annibalem mora fregit.
„ 46, 6: Fabius imminentem urbis excidio Hannibalem mora fregit.
De vir. ill. 42, 6: cum ad tertium ab urbe lapidem castra posuisset, a Fabio Maximo fractus.

---

[1]) vgl. Rosenhauer, S. 14 und 22. Hildesheimer, S. 34.

De vir. ill. 43, 2: Hannibalem mora fregit.

Hier haben wir nicht nur eine wörtliche Übereinstimmung, sondern alle setzen, was noch merkwürdiger ist, die Thätigkeit des Diktator nach Cannae. Ebenso Serv. zu Vergil, Aen. 6, 845. (Fabius Maximus), hic postea cum Hannibalis impetum ferre nun posset, mora cum elusit, — nam oportuna loca praeoccupans a vastatione Italiae compescuit — et *ad Campaniam* traxit, ubi deliciis eius virtus obtorpuit (der Winter in Capua). Dieselbe Zeitverschiebung hat schon Nepos, Hann. 5. Hac pugna pugnata (bei Cannae) Romam profectus est (Hannibal) . . . in propinquis urbi montibus moratus est . . . Fabius in agro Falerno ei se obiecit. Hic clausus locorum angustiis . . . se expedivit, Fabioque . . . dedit verba. Bekanntlich erfolgte der Zug nach Rom (Hannibal ad portas) während der Belagerung von Capua (211), aber noch leichter konnte man sich denselben gleich nach Cannae vorstellen, und wenn Fabius als der Retter aus der Not erschien, musste man die Diktatur ebenfalls nach Cannae verlegen. Hat Nepos diesen Fehler zuerst gemacht (und die Chronologie hat er in jener Partie sehr nachlässig behandelt), so muss die Quelle von Florus, Ampelius und Pseudo-Victor nach Nepos fallen. An Nepos als direkte Quelle[1] für den drei dürfen wir keineswegs denken, da bei ihm kein Anlass zu dem Ausdruck ,mora fregit' zu finden ist; wohl aber bei Eutrop 3, 9,3 (Fabius Hannibalem) differendo pugnam ab impetu fregit, wo die Zeit richtig vor Cannae gelegt wird.

Stand diese Angabe schon in Eutrops Quelle, so ist die allein mögliche Erklärung, dass ein Schriftsteller, welchen Florus, Ampelius und Pseudo-Victor benutzten, diese Vorstellung von Fabius Thätigkeit mit dem chronologischen Fehler bei Nepos verbunden hat. Da er in Beziehung zu zwei Biographen (Nepos und Pseudo-Victor) steht, ist es vielleicht nicht zu gewagt zu vermuten, dass er auch Biograph sei. Hierzu passt vortrefflich Wölfflins[2] Ansicht, dass diese

---

[1] vgl. Soltau, a. a. O.

[2] De L. Ampelii libro memoriali quaest. crit. et hist. Gottingae. 1854. S. 35.

Quelle, was Unger[1]) billigt, Hygin ist. Hildesheimers Annahme aber, dass Hygin nur mittelbar benutzt sei, ist nach
Rosenhauer und Wagener unhaltbar, da der Verfasser des
Buches de excellentibus ducibus ext. gent. Nepos und nicht
Hygin ist; doch muss die Häufigkeit dieser Benutzung wie
auch Rosenhauers Annahme einer dritten Quelle (eines liber
exemplorum) unsicher bleiben, bis eine weitere Untersuchung
den ganzen Einfluss der Epitome Livii klar gemacht hat.

d. Florus.

Wie Heyn (De Floro historico, Bonnae 1866) bewiesen
hat, sind Caesar und Sallust[2]) Nebenquellen für Florus. Der
Versuch, den Coelius (Soltau, Coelius und Polybius S. 704
und andere) oder Cato (Rossbach, Praef. Flori p. LII) als
Quelle für den zweiten punischen Krieg herauszukonstruieren,
ist in der Luft hängen geblieben; nicht viel besser geglückt
ist der Rossbachs eine zweite Quelle des Florus in der Geschichte des älteren Seneca zu finden[3]); denn mehr als eine
stilistische Verwandtschaft (die Einteilung der römischen Geschichte in 4 den Menschenaltern entsprechende Perioden)
hat er nicht bewiesen.

Indem wir eine biographische Quelle (Hygin, de viris
illustr.?), welche wir auch in Ampelius und dem sogenannten
Aurelius Victor de viris illustr. wiedererkennen, mit Still-
schweigen übergehen, nehmen wir für die Epitome beispielsweise in Anspruch Florus 1, 1 (1, 3, 5) inmaturum virginis amorem (cod. Nazar. Voss.) ultus ferro und Valerius
Maximus 8, 1, 1 inmaturum virginis amorem severe . . .
punitum, wo punire und ulcisci synonym sind: vgl. Livius
1, 26, 4 abi cum inmaturo amore ad sponsum; ebenso
Florus 1, 1 (6, 2) regnum dolo partum (von Servius Tullius)
sic egit industrie ut iure adeptus videretur und De vir.
ill. 6. regnum intercepit⁻et ita administravit, quasi iure

[1] Abhandlung d. k. bayer. Akad. d. Wissenschaft. XVI. 1.
[2] vgl. Maurenbrecher, Sallust, hist. rel., Leipzig, 1891, S. 38—42.
[3] vgl. Spengel, Abh. d. Münch. Akad. 36. S. 345, welcher glaubt,
dass die Geschichte nicht veröffentlicht wurde.

adeptus fuisset; vgl. Livius 1, 46, 3 regnum ... scelere
partum, während das weitere fehlt.

Für andere Stellen, wo die Benutzung der Epitome unzweifelhaft ist, vergleiche man Ay, S. 48 und oben in dem
Kapitel über Orosius. Auch in den folgenden Kapiteln
werden wir öfter Gelegenheit haben, die ausgedehnte Benutzung dieser Quelle durch Florus zu zeigen.

Anders zu erklären, ist die Stelle Florus 1, 4, 5, wo
die Geschichte von Mucius Scaevola erzählt wird. Obschon
die Worte ardentibus focis inicit manum mit Livius 2, 12, 13
dextram accenso ad sacrificium foculo inicit übereinstimmen,
während die Epitome einen anderen Ausdruck (vgl. Augustin
civ. d. 5, 18, in ardentem aram dextram extendit, De vir
ill. 12, dextram aris imposuit, Per. Liv 2, impositam
manum altaribus) hatte, brauchen wir nicht mit Ay (S. 15)
die direkte Benutzung des Livius anzunehmen, da diese einzige
Erinnerung an Livius Wortlaut durch die Annahme einer ver-
mittelnden Quelle (wie die biographische) genügend erklärt ist.

Für andere Benutzer der Epitome, wie Rufus Festus,
Cassiodorus, Obsequens, Idatius und den Auctor chronici
paschalis, vergleiche man Mommsen, Zangemeister und Ay in
den obenerwähnten Schriften. Der Kreis ist aber noch grösser.

c. Quintilian.

Die wichtigste Stelle ist hier 3, 7, 5, wo es von Romulus heisst: quod abiectus in profluentem non potuerit
extingui, wörtlich übereinstimmend mit Florus 1, 1, 2
(Romulus) abiectus in profluentem cum Remo fratre non
potuit extingui. Ist es hier geradezu undenkbar, dass
der Historiker wegen einer Zeile den Rhetor benutzt habe,
so liegt die Annahme um so näher, dass beide ihre Angabe
nach der Epitome Livii machten, was ja für Florus fast
sicher steht, da sein Buch Epitoma de T. Livio betitelt ist.
Aber auch Quintilian hat den Livius mehrfach angeführt,
Vorrede und Stellen der ersten zwei Bücher[1]) nach der

---

[1]) Ähnlich beschränken sich die 4 Liviusstellen, welche Lactanz
ausführt, auf das erste Buch. Vgl. die Ausgabe von Brandt, II 256.

Originalausgabe und im Wortlaute, während er an anderen
Stellen abweicht, wie 2, 17, 19, von der bekannten Kriegs-
list des Hannibal: sarmentis circum cornua boum deligatis
incensisque, was den Periochae 22 sehr nahe steht: sarmentis
ad cornua boum alligatis et incensis, weniger aber den
Worten Livius 22, 16, 7, fasces . . . aridi sarmenti praeligantur
cornibus boum und 22, 17, 2, accensis cornibus.

Das Gleiche gilt für die Angabe über Romulus. Livius
selbst drückt sich 1, 4, 3, anders aus: pueros in profluentem
aquam mitti iubet, und die Unmöglichkeit, dieselben vom
Leben zum Tode zu bringen, wird übergangen. Nach stren-
gerem Stile hatte Livius aquam zugesetzt, während ein
weniger korrekter Autor sich die Ellipse gestatten durfte,
wie Cicero in seiner Jugendschrift de inventione 2, 149.
Plinius n. h. 17, 61: Capitolinus, Clod. Alb. 9, 5: Maxim.
duo 3, 1, 5, Obsequens 57. Dass aber das Verbum abicere
(= aussetzen) in der Epitome stand, beweist zunächst Florus:
dann auch der mit Livius engverbundene Verfasser de viris
illustr. 1. 2, parvulos in Tiberim abiecit: Arnobius adv.
gentes, 4, 3, abiectis infantibus pepercit lupa; die Origo gent.
Rom. 20, 3, imperavit deportari ad aquam profluentem atque
eo abici . . . in Tiberim . . . abiecerunt; und endlich der
von Florus abhängige Jordanes, hist. Rom. 87, abiectus in
profluentem cum Remo fratre non potuit extingui. Diese
Stelle ist für uns darum von Bedeutung, weil sie zeigt, dass
Jahn, Halm und neuerdings Rossbach mit Unrecht bei Florus
iactatus in profluentem geschrieben haben mit Codex Bam-
bergensis, statt abiectus mit Nazarianus und Vossianus.
Wenn der Verfasser der Origo gent. Rom. aquam zugesetzt
hat, so kann dies aus stilistischen Gründen erklärt werden;
doch kann man niemand verwehren anzunehmen, er habe
neben der Epitome den Livius selbst gekannt[1].)

f. Firmicus Maternus, Lucan und Seneca.

Hier wählen wir zum Vergleiche die zahlreichen Berichte
über die auf Sullas Befehl vollzogene grausame Tödtung des

[1] Vgl. (Ed. Wölfflin) Philolog. Anzeiger XIII, 188.

jungen Marius; um aber der Sache auf den Grund zu gehen,
wird es sich empfehlen bis auf Sallust zurückzugreifen,
welcher in der Einleitung seiner Historien diese Zeit be-
handelte. Seine Worte gingen über die gewöhnlichen Ausdrücke hinaus und wurden daher nicht nur citiert, sondern
in verschiedener Weise nachgeahmt. Die Hauptstelle lautete
nach den Adnotationes super Lucanum 2, 173: ut in M.
Mario, cui fracta prius crura bracchiaque et oculi effossi, scilicet ut
per singulos artus expiraret. (Sallust, hist. reliq. 1, 44,
Maurenbrecher). ,Dreimal zu sterben' war ein lumen dicendi,
eine neue geistreiche Wendung, und artus zur Bezeichnung
der Teile des menschlichen Körpers, ein poetischer, vergilia-
nischer Ausdruck. Ziemlich getreu seinem Originale berichtet
Florus 2, 9, 26: Marium . . . oculis effossis, manibus cruribusque effractis servatum aliquandiu, ut per singula membra moreretur: nur veränderte er bracchia in manus, und
tauschte um dem Prosastile näher zu bleiben artus gegen
membra, expirare gegen mori. Wenn der stark poetisch an-
gehauchte Florus an artus Anstoss nahm, so darf es nicht
befremden, dass Justin, welcher ihm wohl direkt folgte[1])
(wegen der Voranstellung von oculis effossis), derselben Ansicht war, indem er 21, 4, 7, die grausame Schilderung auf
Hanno übertragend schrieb: virgis caesus (neu) effossis oculis
et manibus cruribusque fractis, velut a singulis membris poena
exigeretur, occiditur. Ja der Ausdruck ,artus' erregte solchen
Anstoss, dass die Brüssler Handschrift 5330 der Lucanscholien
(G. = Gemblacensis) in dem Sallustfragmente ,per singula membra' citiert, was Korrektur eines ängstlichen Stilisten sein mag;
war es aber eine Variante schon in alten Sallustcodices, so
konnte Florus seine Verbesserung schon daher gezogen haben.
Das ist die Sallustüberlieferung, welche von den einzelnen
Körperteilen Augen, Hände (bzw. Unterarme) und Schenkel

[1]) Auch auf den Einfluss des Florus deutet Justin 29, 3, 1 (die
Vergleichung eines Krieges mit den Phasen eines Gewitters) consur-
gentem nubem . . . tonantem ac fulminantem . . . procellam . . .
tempestas . . . imbre . . vgl. Florus 1, 22, 9: tempestas . . . fulmen
. . . fragore detonuit . . . procella vom hannibalischen Kriege.

nannte, mit singulos (singulas, singula) aber andeutete, dass
man sich noch weitere dazu denken könne.

Die späteren Historiker haben diesen Wink nicht unbe-
nutzt gelassen, da sie die Zunge, die Ohren, die Kehle (er-
würgen) und die Nase hinzugefügt haben. Was Livius geschrieben, ist im Originale nicht erhalten, lässt sich aber
rekonstruiren, oder noch genauer: die späteren Autoren gestatten uns einen Rückschluss auf die Epitome. Da stossen
wir zunächst auf Firmicus Maternus math. 1, 8, 39: iussione
Sullae elisa sunt prius crura, desecta (codd. deiecta) de
statu corporis bracchia humeris tenus dissoluta ceciderunt,
tertio amputata lingua vocem reliquit in faucibus, ad
postremum omni corporis parte mutilata oculi, qui fuerant
spectatores, egeruntur . . . cum hinc inde damnis fluentibus
minutatim spiritus carperetur. Dass hier der Schriftsteller
die Zunge nicht aus blosser Phantasie hinzugefügt hat, beweist uns Lucan 2, 154 ff., in dessen ausführlicher Darstellung
nicht nur lingua und fauces, sondern noch andere Körperteile erscheinen, und die Augen als Zeugen dieser Greuel
an das Ende gestellt erscheinen.

Hic laqueo fauces elisaque guttura fregit,
117. cum laceros artus aequataque volnera membris vidimus . . .
181. avolsae cecidere manus, exsectaque lingua
183. hic aures, alius spiramina naris aduncae
    amputat, ille cavis evolvit sedibus orbes,
    ultimaque effudit[1] spectatis lumina membris
188. fracta sub ingenti miscentur pondere membra.

Die nahe Verwandtschaft dieser Schilderungen springt
in die Augen und nicht minder die Abweichung von Sallust.
Aber dass auch Lucan die Ohren nicht willkürlich in das
Schreckensbild einsetzte, verbürgt uns Livius Per. 88; cru-
ribus bracchiisque fractis, auribus praesectis et oculis effossis,
mag er nun das neue Glied in das sallustianische Bild

---

[1] Effudit hat Hosius statt effodit wiederhergestellt, doch haben die
Parallelstellen (Sallust, Florus, Augustin, Orosius, Per. Liv.) ‚effossis‘,
wonach ich eher effodit mit den Handschriften U, V und G schreiben
möchte.

eingesetzt, oder für das Ganze eine andere Quelle benutzt
haben.

Nun liegt als notwendiges Mittelglied zwischen Sallust
und den Spätlateinern Livius und die Epitome. Um jedem
das Seine zu geben, müssen wir noch den Seneca de ira
3, 17, 1. zu Hilfe nehmen: M. Mario . . . praefringi crura,
erui oculos, amputari linguam manus iussit, et quasi
totiens occideret, quotiens vulnerabat, paulatim et per singulos artus laceravit. Welche Schlüsse dürfen wir nun
ziehen? Die Vermehrung der Körperteile fällt dem Livius,
oder richtiger der Epitome zu; denn die Spätlateiner haben
diese viel mehr benutzt als das Original. Die bloss bei Lucan
genannte Nase mag Anschmückung des Dichters sein: alle
anderen mehrfach genannten Glieder gehören der Quelle. Vor
allen die Zunge nach dem Zeugnisse von Lucan, Seneca und
Firmicus. Es war daher unzulässig, diese bei Seneca zu
streichen und zwar aus dem Grunde, um das harte zweigliedrige
Asyndeton ‚linguam manus‘ fortzuschaffen, während mit Recht
Gerz in den Studia crit. in Senec. dialog. (Hauniae, 1874.
pg. 35) die Überlieferung in Schutz nahm, wenn auch ohne
Erfolg. Muss man aber linguam halten, so wollen wir nicht
um den Stil zu glätten ‚manusque‘ conjicieren, sondern man
kann auch einen weiteren Infinitiv zu dem verwaist gebliebenen
manus einsetzen. Ohne zu behaupten, dass dies absolut notwendig sei, da ja zu linguam und manus der gleiche Verbalbegriff
passt, während Schenkel und Augen zwei verschiedene Verba
verlangen, kann man doch denjenigen, welche ein Wort ein-
zusetzen geneigt sind, [desecari] nicht nur an sich empfehlen,
sondern auch durch Parallelen stützen. Das Verbum scheint
zwar nach Forcellini-De Vit dem Spätlatein anzugehören,
begegnet uns aber, von dem Abtrennen menschlicher Körper-
theile gebraucht, schon bei Caesar 7,4 auribus desectis und
Livius 31, 34, 4. cervicem desecare; als bestätigende Autoren
aber können wir den Firmicus nennen, welchem wir noch
den Orosius anreihen, 5, 21, 7, M. Marium Sulla iussit effossis
occulis membrisque minutatim desectis vel etiam fractis
trucidari.

Formell wird man betrachten, dass in den auf Livius zurückgehenden Zeugnissen das Tödten Glied um Glied im Gegensatz zu Sallust durch ein Adverbium (minutatim Firmicus und Orosius; paulatim Seneca; membratim discerptus Comm. Bern. Lucan 2, 173.) ausgedrückt ist, und auch hier können wir noch ein viertes particulatim anreihen aus Augustin [1] civ. d. 3, 28: oculis effossis et p a r t i c u l a t i m membris amputatis. Auch articulatim oder artuatim wären verwendbar gewesen Eines von diesen, wahrscheinlich minutatim, stand bei Livius, bezw. in der Epitome. Nur hat der Philosoph Seneca das schöne geflügelte Wort, per singulos artus nicht aufgeben wollen und es daher mit paulatim verbunden, wie die Berner Scholien zu Lucan auf membratim descerptus das Sallustcitat per singulos artus folgen lassen. Der nämliche Vorgang wiederholt sich bei Julius Paris: denn während Valerius Maximus 9, 2, 1 schrieb: M. Marium non prius vita privavit, quam oculos infelices crueret et singulas corporis partes confringeret, stellte der Epitomator den Originalausdruck her: per singulos artus puniens mori coegit.

Fragen wir aber weiter, ob Seneca seine Angabe auf Grund des Livius oder der Epitome gemacht habe, so ist ein buchstäblicher Anschluss an die Quelle in keinem Falle vorauszusetzen, da wir den gewandten Stilisten nicht mit Augustin oder Orosius auf gleiche Stufe stellen dürfen: nur das Eine können wir versichern, dass amputare noch nicht bei Livius stand. Da es aber bei Lucan (aures) und bei Augustin (membra) wiederkehrt, so ist es schwerlich von Seneca willkürlich eingeführt, sondern der Quelle entnommen. In der goldenen Latinität gebrauchte man nämlich amputare nur von dem Ausputzen (beschneiden) der Bäume und ähnlichen Arbeiten des Gärtners oder Landmannes, besonders von der Bearbeitung der Reben (vitis), wie auch das von putus (purus) abgeleitete Simplex putare. Damals sagte man noch allgemein praecidere caput, manus, pollicem, linguam: Cicero de invent. 2, 59, Tusculan. 5, 55, de Off. 3, 46,

---

[1] vgl. Ay a. a. O. S. 36.

Hirtius bell. Gall. 8, 44. bell. Hispan. 12, wie auch Livius
schrieb 23, 24, 11; 26, 12, 19. Amputare, welches bei Livius
fehlt, übertrug erst das silberne Latein auf das Abtrennen
von Körperteilen: aurem, caput, crus, genitalia, humeros,
linguam, manus, pedes, testiculos u. a. bei Valerius Maximus
7, 7, 6, oft bei Curtius, Seneca Thyest. 761, Plin. n. h. 35,
165. Quintilian 8. 3, 75, Tacitus viermal, Sueton Aug. 24,
Calig. 32, Galba 9, 20, Domit. 10. Der klassische Celsus
schrieb in den chirurgischen Abschnitten ohne Ausnahme
praecidere, amputare auch nicht an einer einzigen Stelle.
Wenn wir also eine ausführlichere auf Livius zurückgehende
Darstellung von der einfacheren sallustianischen unterscheiden
müssen, so werden wir doch lieber an die Epitome Livii
denken, nicht nur wegen des Gebrauches von amputare,
sondern weil die rhetorische exornatio mehr zu dem Charakter
der Epitome passt. Dass die öffentliche Stimme Sulla ver-
urteilte, darüber lässt Firmicus Maternus in dem angeführten
Kapitel keinen Zweifel übrig.

Weiter ist es eine notwendige Folgerung, dass weder
Lucan den Seneca als Quelle benutzen konnte, wie Hosius
behauptete (Fleckeisens Jahrb. 1893, S. 346), noch Firmicus[1])
den Sallust, wie Usener und Maurenbrecher (Sallust hist. rel.)
glaubten. Beide hängen vielmehr von Livius bezw. der Epitome ab.

Es erübrigt noch beizufügen, dass unsere Quellen eine
Angabe über den Ort dieser Gräuelthaten enthalten, nach
Florus, ‚aput Catuli sepulcrum‘, und so etwas wird bei Sallust
gestanden haben. Die livianischen Berichte erweitern diese
dahin, dass man den Marius an dieses Grab geschleppt
habe. Am schärfsten drückt dies Valerius Maximus aus:
ad sepulcrum Lutatiae gentis pertractum; etwas milder Orosius:
ductum trans Tiberim ad Lutatiorum sepulcrum: unbestimmt
Lucan: quid sanguine manes
Placatos Catuli referam?

Aber dass der vollere Ausdruck des Orosius der Epitome Livii gehöre, geht aus den Commenta Bern. zu Lucan

¹) Vgl. Moore, Julius Firmicus Maternus, der Heide und der
Christ. München 1897, S. 40.

2, 173 hervor: abductus ad tumulum Catuli Marius Gratidi-
anus trans Tiberim interfectus est membratimque discerptus.
de quo Sallustius historiarum libro primo ita locutus est ,qui
per singulos artus expiraret'. Der Scholiast erzählt also nach
Livius (d. h. Epitome), dessen Bücher vom Bürgerkriege er
noch vor sich hatte (vgl. Usener p. 333), fügt aber dazu den
berühmten Ausdruck des Sallust unter genauer Citation
der Stelle.

Da Valerius Maximus, Lucan, Florus, Firmicus, Orosius
u. a. neben dem Morde des Marius von einer anderen Grausamkeit des Sulla sprechen, so lässt sich erwarten, dass auch
hier die Quellenverhältnisse gleich liegen, und dass die jüngeren Berichte im Vergleiche zu dem älteren als rhetorisch
aufgebauscht erscheinen werden. Ein neuer Einblick in die
Geschichte der Überlieferung könnte uns nur erwünscht sein,
aber leider spielt uns die in den Handschriften so häufige
Verderbnis der Zahlen einen schlimmen Streich. Gleichwohl
versäumen wir nicht, unsere Beobachtungen vorzulegen.

Florus überliefert 2, 9, 24, quattuor milia deditorum in-
ermium civium in villa publica interfici iussit: übereinstimmend mit Strabo[1]) 5, 4, 11: τοὺς δὲ ῥίψαντας τὰ ὅπλα περὶ
τρισχιλίους ἄνδρας ἢ τετρακισχιλίους φασὶν εἰς τὴν δημοσίαν ἔπαυλιν
τὴν ἐν τῷ Κάμπῳ καταγαγών . . . ἀπέσφαξεν. Auch Valerius
Maximus, 9, 2, 1: quattuor legiones contrariae partis fidem
suam secutas in villa publica . . obtruncari iussit wird hierher zu ziehen sein, insofern die vier Legionen auf Verwechslung mit 4000 beruhen dürften. Die bescheidene Ziffer passt
für den ersten Berichterstatter, als welchen wir den Sallust
voraussetzen dürfen.

Eine andere Überlieferung meldet freilich von 7000,
Seneca, clem. 1, 12, 2, septem milia civium Romanorum con-
trucidari iussit; benefic. 5, 16, 3, legiones duas . post fidem
in angulo congestas contrucidavit.

Firmicus[2]) 1, 8, septem milia civium nostrorum in medio

[1]) vgl. Otto, Leipziger Studien XI, Suppl. S. 80, der mehrere
dieser Stellen erwähnt hat.
[2]) Vgl. Moore a. a. O. S. 41.

foro urbis Romae Sullana animadversione ceciderunt. Augustin[1]) civ. d. 3, 28, urbem Sulla victor intravit, qui in. villa publica septem milia deditorum non pugnando, sed iubendo prostraverat. Damit muss wohl Orosius 5, 21, 1 übereinstimmen; Sulla victor urbem intravit tria milia hominum, qui se per legatos dediderant, inermes interfecit, und darum erscheint 111 als verdorben aus VII, wenn wir nicht die kleinere Zahl dem Einflusse Florus' zuschreiben dürfen. Ampelius 42, 3 hat leider die Zahl nicht genannt: reliquias adversariorum, qui se dediderant, in villa publica trucidavit. Diese Autoren bilden eine zweite Gruppe und ihre Quelle ist vermutlich die Epitome Livii. Als weitere Variationen dazu oder als leichte Corruptelen kann man betrachten: Liv. Per. 88, octo milia dediticiorum in villa publica trucidavit. Appian bell. civ. 1, 93, τά τε αἰχμάλωτα ὀκτακισχίλιον πλείω γενόμενα Σύλλας κατηκόντισεν. Corrupt ist wohl, weil aus derselben Quelle geflossen, De vir. ill. 75, 9, novem (verbessere octo) milia dediticiorum in villa publica cecidit; dagegen vollkommen verständlich Commenta Bern. Lucan. 2, 207 cum duas legiones praecepisset occidi (vgl. auch 2, 197).

Sobald man annimmt, dass Valerius Maximus aus Livius schöpfte, ergiebt sich die hohe Wahrscheinlichkeit, dass Livius die von Sallust gegebene Ziffer von 4000 beibehielt und erst die Epitome die 7000 einführte, wie sie auch mit Uebergehung des einen Scheffels die drei Scheffel Ritterringe durchsetzte.

Eine noch merkwürdigere Stelle finden wir bei Seneca, nat. quaes. 5, 16, 4, ab oriente hiberno eurus exit, quem nostri vocavere volturnum et Livius hoc illum nomine adpellat in illa pugna Romanis parum prospera, in qua Hannibal et contra solem orientem exercitum nostrum et contra ventum constituit, tum venti adiutorio ac fulgoris praestringentis oculos hostium vicit. Nun hat Livius (22, 46, 8) den Wind nicht als Eurus bezeichnet, und über die Sonne ganz anders berichtet; nämlich dass keine Partei der Kämpfenden

---

durch dieselbe begünstigt oder benachteiligt wurde. Wie
konnte also Seneca dem Livius diese Angaben beilegen?
Hier bestätigte Florus in Übereinstimmung mit Valerius
Maximus und Appian, dass Seneca wirklich die Epitome als
Livius citiert hat.

Florus, 1, 22, 16.	Val. Max. 7, 4, ext. 2.	Appian, Hann. 20.
insuper callidus imperator in patentibus campis observato loci ingenio, quod et sol ibi acerrimus et plurimus *pulvis* et *eurus* ab oriente semper quasi ad constitutum ita instruxit aciem, ut Romanis *adversus* haec omnia obversis secundum caelum tenens *vento pulvere sole* pugnaret. . . . documenta cladis cruentus aliquamdiu Anfidus, *pons de cadaveribus* iussu ducis factus in torrente Vergelli.	Ante omnia providet ut et *solem* et *pulverem*, qui ibi *vento* multus excitari solet, *adversum* haberet. 9, 2, ext. 2. in flumine Vergello *corporibus* Romanis *ponte* facto exercitum *transduxit*.	ὁ δ᾽ Ἀννίβας πρῶτα μέν, εἰδὼς περὶ μεσημβρίαν εὔρου ζοφώδη τὸν χῶρον ἐξ ἔθους ἐπιπνέοντα, προύλαβεν ὅπη κατὰ νώτου τὸ πνεῦμα ἔμελλεν ἕξειν. §22 καὶ τὸ πνεῦμα κατέφερε πολὺ καὶ ζοφῶδες, ἐς τὰς Ῥωμαίων ὄψεις μετὰ κονιορτοῦ φερόμενον. Lib. 63. τοὺς δ᾽ αἰχμαλώτους ἡμῶν τοὺς μὲν ἐς τάφρους καὶ ποταμοὺς ἐμβαλόντες ὡς γεφύρας ἐπέβαινον.

Das Appian den Wind Eurus nannte, ist darum noch
merkwürdiger, weil die Griechen den Volturnus meistens mit
einem anderen Wind identificierten; vgl. Gellius Noct. Att.
2, 22, 10: Tertius ventus qui ab oriente hiberno spirat —
Volturnum Romani vocant — cum plerique Graeci mixto nomine,
quod inter notum et eurum sit ,εὐρόνοτον‘ appellant. Die
Römer dagegen haben ziemlich regelmässig den Volturnus
als Eurus erklärt; so Plinius n. h. 2, 119, Vegetius, De re
mil. 4, 38 (eurus sive volturnus), Ampelius, 5, 1. Die Leichenbrücke ist bei Livius (23, 5, 12) bloss angedeutet, d. h.
einem Partei-Redner in den Mund gelegt, muss daher in
einer seiner Quellen gestanden haben, aus welcher sie in die
Epitome kam, und aus dieser oder aus der Quelle selbst
schöpften sie Valerius Maximus, Florus und Appian.

g. Appian.

Die Besprechung der Senecastelle hat uns von selbst
auf Appian geführt: hat er die Epitome gehabt? Wegen

der schon erwähnten Ähnlichkeiten allein dürfen wir es noch nicht sicher behaupten, sondern müssen weiter suchen. Appian Iber. 7 (Ζακανθαῖοι. ἐν μέσῳ τῆς τε Πυρήνης καὶ τοῦ ποταμοῦ τοῦ Ἴβηρος ὄντες) wie auch Iber. 10 und Hann. 3 setzt fälschlich die Stadt Sagunt zwischen den Ebro und die Pyrenäen; Iber. 19, (ἐν τῇ πρότερον μὲν Ζακάνθη νῦν δὲ ἤδη Καρχηδόνι) und 75 aber identificiert er dieselbe Stadt mit Neu Karthago. Soltau (III. Dekade des Livius) findet die Quelle für das erste in Strabo 3, 4, 6; hat aber diesen nicht verstanden; denn Strabo geht in seiner Beschreibung Spaniens von Neu Karthago nach den Pyrenäen, und findet Sagunt richtig zwischen den Flüssen Sucro und Ebro, d. h. zwischen Neu Karthago und dem Ebro. Warum Posidonius die Quelle für Appians anderen Fehler, die Identifizierung von Sagunt mit Neu Karthago, sein sollte, sagt Soltau nicht, und wir brauchen daher auch die Vermutung nicht weiter zu beachten.

Die meisten Gelehrten erklären diese zwei geographischen Fehler aus der Unachtsamkeit Appians, und wohl mit Recht, doch muss er einen bestimmten Anlass dazu gehabt haben. Einen solchen finden wir in der Reihenfolge, in welcher die Epitome die Ereignisse darstellte. (Per. Liv. 21. Initia belli Punici secundi referuntur et Hannibalis, ducis Poenorum contra foedus per Hiberum flumen transitus: a quo Saguntum · sociorum populi Romani civitas obsessa octavo mense capta est.) Danach sollte man glauben, die Belagerung von Sagunt sei auf die Überschreitung des Ebro gefolgt. An eine Uneinigkeit der Geographen über die Lage Sagunts dürfen wir erst dann denken, wenn wir denselben Fehler noch bei einem zweiten Autor nachweisen könnten; so aber hat Appian selbst und allein Sagunt zwischen Ebro und Pyrenäen gesetzt.

Beachtet man, dass er Iber. 12 οἶμαι sagt (Ζακάνθη . . . ἢν νῦν οἶμαι Καρχηδόνα καλεῖσθαι), so sieht man, dass er seiner Sache selbst nicht sicher war, und Iber. 19 zeigt, dass er seine lateinische Quelle nicht verstanden hat. Er sagt nämlich, dass die Karthager ihr Kriegsmaterial, die Gefangenen und Geiseln aus ganz Spanien in der Stadt, früher Saguntum, dann aber Karthago genannt, behielten. Vergleichen wir nun Livius 22, 22, 4: Saguntum pergunt ire, quod ibi obsides totius Hispaniae traditos ab Hannibale fama erat modico in arce custodiri praesidio. Livius 26, 42, 3: Carthaginem Novam interim oppugnare statuit, urbem cum ipsam opulentam suis opibus, tum hostium omni bellico apparatu plenam . . . ibi arma, ibi pecunia, ibi totius Hispaniae obsides erant: und Eutrop 3, 15, 3: Is Carthaginem Hispaniae caput, in qua omne aurum, argentum et belli apparatum Afri habebant, nobilissimos quoque obsides, quos ab Hispanis acceperant; so sehen wir, dass die Geiseln zwar früher in Sagunt, dann aber in Karthago waren, und solch eine Vorstellung, wenn auch an getrennten Stellen muss, nach Livius und Eutrop zu urteilen, die Epitome Livii gegeben haben; dadurch ist Appian bei seiner bekannten Unachtsamkeit irre geführt worden.

Ein anderer Fehler Appians ist, dass er Hannibals List mit den Ochsen (Hann. 13 und 14) nach der Schlacht mit Minucius setzt. Hierüber urteilt Hesselbarth folgendermassen: ,Wenn aber Appian die ganze Geschichte des Minucius in diesem und dem folgenden Kapitel, also vor der List mit den Ochsen abmacht, so verfährt er nur nach dem Grundsatz sich's hübsch bequem zu machen und eines nach dem anderen abzuhandeln Dass de vir. ill. (43) in derselben Folge erzählt wird, hat nichts auffallendes und ist gewiss ebenso zufällig als etwa, dass dort die Gefangenenauslösung erst nach der Einnahme Tarents steht.' Dieser Vergleich gilt aber nicht, da die Gefangenenauslösung am Ende des Kapitels hinzugefügt ist, weil der Verfasser oder ein Abschreiber sogar sie an der richtigen Stelle ausgelassen hatte. Einen sicheren Beweis aber bietet uns Per. Liv. 22, wo die Schlacht mit Minucius und Hannibals List mit den Ochsen in derselben Reihenfolge erzählt werden. Dreimal konnte uns der böse Zufall einen solchen Streich nicht spielen; daher ist die Annahme einer gemeinsamen Quelle für Appian, Per. Liv. und de vir. ill. unvermeidlich; und diese kann natürlich nur die Epitome Livii gewesen sein.

Hiernach hat Schwartz (im Pauly-Wissova Real. Enc. s. u. Appian) richtig gesehen, dass Appian eine Quelle

benutzt hat, welche nicht vor Augustus fallen kann. Ein
Fehler aber ist es, dass er unter dem Einflusse der Nissen-
schen Theorie nur eine Quelle annimmt, da wir durch den
Beweis, dass diese Quelle die Epitome Livii ist, auch bewiesen
haben, dass Appian selbst contaminiert hat, und zwar dass
bei weitem die grössere Hälfte seiner Geschichte aus anderen
Quellen gezogen ist.

Appians andere Quelle für den zweiten punischen Krieg
muss aber eine verhältnismässig alte ¹) gewesen sein. Bei ihm
finden wir im Allgemeinen weder die Doubletten des Coelius
und Antias noch die Zahlenübertreibung des letzteren²) und
Claudius Quadrigarius. Ziehen wir auch die Stelle Keltike 6,
wo Cassius Hemina citiert wird, in Betracht, so dürfen wir
diese ältere Quelle des Appian etwa in die Zeit zwischen
Cassius und Coelius setzen; diese Ansicht, denn mehr ist sie
nicht, können wir hier nicht näher begründen, doch werden
wir in dem letzten Hauptteile unseres Werkes nochmals darauf
zurückkommen.

h Valerius Maximus.

Es ist schon oben darauf hingewiesen worden, dass dieser
Autor oft genau mit der Epitome Livii übereinstimmt; doch
war ich anfänglich mit Rücksicht auf die frühe Lebenszeit
desselben wenig geneigt, eine Benutzung der Epitome durch
ihn anzunehmen, weil man dann diese schon unter Tiberius
entstanden denken musste. Die Analogie, dass Trogus Pompeius erst im dritten Jahrhundert nach Chr. durch Justin
epitomiert worden ist, schien es mehr zu empfehlen, auch
die Epitome Livii in diese Zeit zu setzen. Je tiefer man
aber in die Forschung eindringt, um so mehr wird man sich
überzeugen, dass wir viel weiter zurückgehen müssen. Die
Deutung des Martialepigrammes (14,190) lassen wir dahin-
gestellt.

Pellibus exaguis artatur Livius ingens·
Quem mea non totum bibliotheca capit.

---

¹) Vgl. Pirogoff, Untersuchungen in der III. Dekade des Livius.
²) Vgl. v. Breska, Woch. f. klass. Phil. 1891, S. 294.

Denn wenn auch Schanz (Gesch. d. röm. Litteratur II,
S. 187) dies auf eine Epitome bezieht, was der Gegensatz
von totum nahe legt, so tritt doch Friedländer dieser Erklärung nicht bei, und ebenso wenig der von Birt, welcher
(S. 86) an Stenographie denkt. Wie die Wortstellung zeigt,
liegt der Nachdruck auf pellibus, und mit dem Pergamente
wurde insofern Raum gespart, als dasselbe auf beiden Seiten
beschrieben wurde, nicht nur einseitig, wie der Papyros.
Ein Pergamentcodex konnte somit leicht eine Dekade, bei
kleiner Schrift sogar zwei bis drei enthalten, während jede
einzelne Papyrusrolle nicht mehr als ein Buch umfasste.
Doch möge man die Verse deuten, wie man wolle, so bleibt
doch die Benutzung der Epitome bei Quintilian, Lucan und
dem Philosophen Seneca bestehen, und wenn man einmal die
Existenz in der Zeit des Nero zugeben muss, warum nicht
auch die Zeit des Tiberius? Das ist auch viel einfacher, als
eine gemeinschaftliche Quelle für Valerius und die Epitome
anzunehmen, oder allen sachlichen und sprachlichen Abweichungen zu Trotz an der Benutzung des vollständigen Livius
festzuhalten. Nach Leutsch hatte ja schon Velleius Paterculus die Epitome oder Periocha gekannt. Bei Valerius
Maximus hoffen wir zuerst (denn diesen Autor hat Ay[1]) bei
Seite gelassen) die Benutzung der Epitome an mehreren
Stellen nachzuweisen.

Val. Max. 3, 2, 3: occiso Acrone (rege Caeninensium)
opima spolia Iovi Feretrio rettulit.

Florus 1, 1, 11: spolia opima de rege Agrone Feretrio
Iovi reportavit. Vir. illustr. 2, 4: ducem Acronem devicit . . .
spolia opima Iovi Feretrio consecravit. Der Name Acro
fehlt bei Livius 1, 10, und nicht etwa zufällig, sondern überhaupt in der älteren Überlieferung, also auch bei Dionys.

---

[1] Vgl. S. 10, wo er eine gemeinschaftliche Quelle für die Epitome und Val. Max. findet um die Stelle 7, 2. Ext. 16 (vgl. oben S. 23)
zu erklären: anuli interfectis nostris civibus detracti. Doch beweisen
Oros. 4, 16, 5: anulos ex manibus interfectorum detraxerat: Per. Liv.
23, anulos corporibus occisorum detractos, dass die Epitome auch
Quelle für Valerius war.

Hal. 2, 33, 34; er erscheint zuerst (nach Varro?) bei
Properz. 4, 10, 7.

Val. Max. 5, 3, 2, g, Sp. Maelium regnum adfectantem.
Per. Liv. 4. Sp. Maelium regnum adfectantem.
Augustin. civ. d. 3, 17, Sp. Maelius crimen regni affectati
incurrit. Der Ausdruck regnum affectare fehlt bei Livius
4, 13, 14.¹)

Val. Max. 5, 6, 2, von dem Ritter Curtius: urbem
virtute armisque excellere . . . praecipitem in pro-
fundum se egit. Augustin, civ. d. 5, 18, viris armisque
se (Romanos) excellere . . . in abruptum hiatum terrae
praecipitem se dedit. (vgl. Ay, S. 14) Livius, 7, 6, 5.
equo exornato armatum se in specum immisisse. Da man nun
nichts von einer Ausbeutung des Valerius Maximus in der
Civitas dei weiss (vgl. Dombart im Index Scriptorum), so
bleibt uns keine andere Wahl übrig, als die Epitome Livii
vor die Herausgabe der Dicta et facta memorabilia zu setzen.

Weiterhin vergleiche man:

Val. Max. 5, 10, 2, von Aemilius Paulus: precatus sum ut
si quid adversi populo Romano immineret, totum in
meam domum convertere-
tur.

Per. Liv. 44, (Paulus) in contione
precatus, ut quicquid diri
populo Romano immineret,
in suam domum converte-
retur.

Das Unglück des Aemilius Paulus, zur Zeit seines make-
donischen Triumphes zwei Söhne zu verlieren, hat der Rhetorik
günstigen Stoff geboten, und zwar hat sich, was wir noch zu
beobachten in der Lage sind, diese Version erst nach Livius
entwickelt. Denn nach Livius 44, 22, spricht der consul vor
seinem Abgange in die Provinz in einer ‚contio‘ nur den
Wunsch aus, man möge seinen Schlachtberichten glauben und
seine Kriegführung nicht leichtfertig kritisieren: und zur Zeit
seines Triumphes sagt er in einer offiziellen Berichterstattung
(Liv. 45, 41, 8), er habe, als er von den Göttern nichts mehr
zu erflehen hatte, gewünscht (optavi), dass ein Rückschlag
der Fortuna seine Familie, und nicht das Gemeinwesen treffen

¹) Vgl. Ay, S. 13.

möge. Der Verfasser der Periocha wie Valerius Maximus
haben diesen Wunsch als *Gebet* vor seine Abreise von Rom
gesetzt und weichen also darin entschieden von Livius ab,
beide nicht in Folge von Ungenauigkeit, sondern der rhetorische
Verfasser der gemeinschaftlichen Quelle (Epitome) hatte die
Geschichte so abgeändert, und von diesem abhängig schreibt
auch Velleius Paterculus 1, 10: deos precatus, ut, si quis
eorum invideret fortunae suae, in ipsum potius saevirent quam
in rem publicam; und ebenso Seneca, consol. ad Marc. 13, 3,
precatum se ut, si quid invidiae dandum esset, id suo potius
quam publico damno solveretur. Noch andere (die biographische
Quelle) haben aus dem Privatwunsche nicht nur ein Gebet,
sondern einen Dank an die Fortuna gemacht. Ampel. 18, 13,
gratias se agere Fortunae, quod in suam potius domum
quam in rem publicam saevisset, = Vir. illustr. 56 gratias
Fortunae egit, quod si quid adversi rei publicae imminebat
(Contamination mit der Epitome), sua esset calamitate decisum.
Die Erzählung des Appian Macedon. 17 ist so frei, dass sie
uns für die Reconstruction der Epitome Livii nichts hilft.

Es war nötig, den Wortlaut der Periocha dem des
Valerius Maximus gegenüberzustellen, weil Leutsch[1]) und
Weissenborn-Müller die sich wiederholenden Wörter der
Periocha für unecht erklärt haben; doch sehe ich mit O. Jahn
keinen Grund, sie als Interpolation zu betrachten; vielmehr
finde ich darin nur einen Beweis, dass die Epitome, aus
welcher die Periocha gekürzt ist, nicht nur dem Valerius
Maximus, sondern auch dem Velleius und Seneca als Quelle
diente. Viel öfter dagegen hat Valerius Maximus, was allgemein bekannt ist, den vollständigen Livius benutzt, ebenso
auch den Cicero und Sallust, den Varro und den Valerius
Antias[2]). Ob Coelius direkt oder indirekt benutzt sei, ist
schwer zu entscheiden, doch bin ich geneigt, mit Luterbacher
(Der Prodigienglaube und Prodigienstil der Römer) das erstere
anzunehmen, obwohl die Benutzung nicht sehr häufig sein

[1]) Index scholarum, Gottingae, hib. 1859—60, S. 5.
[2]) vgl. Krieger, Quibus fontibus Val. Max. usus sit. Berolini,
1888. Kempf, Praef. Val. Max. S. 26 und 46. Berlin, 1854.

konnte. Über die Excerpiermethode des Valerius vergleiche man Kranz, Beiträge zur Quellenkritik des Val. Max. Posen, 1876, und dazu die Kritik dieser Schrift in Philol. Anzeigen 1878. S. 47.

Zum Schlusse fassen wir unsere Ergebnisse über die Epitome Livii kurz zusammen. Sie ist, weil von Valerius Maximus benützt, vor 30 nach Chr. zu setzen, unter keinen Umständen jedoch von Livius selbst verfasst, also nicht der vom Verfasser selbst besorgten kürzeren Fassung des Werkes De lingua Latina von Varro vergleichbar. Die Form zeigt schon die Anfänge der silbernen Latinität im Gegensatz zu Livius; aus diesem Grunde ist der Verfasser kein untergeordneter Scriptor auf einer Bibliothek, sondern ein rhetorisch durchgeschulter, litterarisch beanlagter Mann gewesen. Aber auch inhaltlich weicht er gerade so von Livius ab, wie Valerius Maximus, und wenn dessen Buch für den rhetorischen Unterricht bestimmt war, so war auch die Epitome ein Schulbuch und Lesebuch. Die rhetorisch bzw. chauvinistisch gefärbte Darstellung der römischen Geschichte war nur in dem einen Falle chronologisch geordnet, in dem anderen Falle nach philosophischen Rubriken auseinandergerissen und auf das rhetorisch Verwendbare beschränkt. Woher der Verfasser der Epitome den Stoff zu seinen Zusätzen und Abänderungen gezogen hat, wagen wir nicht zu entscheiden; er kann aus der mündlichen Überlieferung geschöpft und sich auf sein Gedächtnis verlassen haben, welches ihm vom Schulunterrichte her noch Manches bewahrte, er kann aber auch litterarische Quellen benutzt haben; noch wahrscheinlicher hat er Beides gethan. Damit man sich aber nicht über die eigenen Zusätze des Epitomators verwundere, so denke man nur an die Epitome Caesarum, in welcher die Caesares des Aurelius Victor mit anderen Quellen kontaminiert sind.[1] Sogar der Epitomator des Valerius Maximus, Julius Paris,

---

[1] Bekannt ist ja auch, dass Florus seinen Abriss Epitoma de Tito Livio betitelte, trotzdem aber Manches dem Livius Fremde einsetzte.

4

hinterlässt gelegentlich Spuren selbstständiger Thätigkeit; so ist er in der Schilderung des Todes des jüngeren Marius in der Hauptsache dem Valerius Maximus gefolgt, hat aber doch gegen denselben den sallustianischen Ausdruck ‚per singulos artus' wieder eingesetzt. Vgl. darüber oben S. 38.

In Folge dieser Zusätze und Abweichungen konnte man streng genommen die Epitome nicht mehr als Epitome Livii oder gar als Livius bezeichnen, sondern bloss noch als römische Geschichte, deren Hauptgrundlage, Livius, bei dem grossen Ansehen des Historikers, für jedermann selbstverständlich war.

In diesem Sinne citiert Hieronymus comm. in Matth. 2, 14, seine Angabe über das Verbrechen des Flamininus, einer Meretrix zu Gefallen bei einem Gastmahle einen Verurteilten zu töten, als aus der Romana historia geschöpft, mit den einleitenden Worten: legimus in Romana historia. Er meint aber die Epitome Livii, aus welcher auch der Vater Seneca sein Argumentum zu Controv. 9, 2, geschöpft hatte. Der Beweis dafür liegt darin, dass beide von der Enthauptung das Wort decollare gebrauchen (Seneca: a meretrice, quae aiebat se nunquam vidisse hominem decollari: Hieronymus, meretriculae, quae nunquam se vidisse diceret hominem decollatum), während Livius 39, 42,[1]) und Cicero, Cato maior 42, sich anderer Ausdrücke bedienen: scortum, securi ferire oder percutere, was auch damals der Terminus technicus war. Damit fällt die Epitome vor 37 nach Chr., eine Bestätigung zu unserem Resultat für Valerius Maximus. Die Reden des Livius waren von der Epitome ausgeschlossen, oder höchstens war ein Verweis auf dieselbe gegeben, wie in den erhaltenen Periochae, etwa in der Form: extat oratio Catonis (Liv. Per. 49). Wer aus rhetorischen Gründen die Reden studieren wollte, konnte dieselben separatim kaufen, wie ja auch das Corpus der Sallustreden

---

[1]) vgl. Aem. Luebeck, Hieronymus quos noverit scriptores, Lips. 1872, der die allgemeine Verwandtschaft mit Livius deutlich gezeigt hat.

bekannt ist. Für Livius bezeugte ein solches Sueton, Domit. 10, quod contiones regum ac ducum ex Tito Livio circumferret. Findet sich schon in den erhaltenen Periochae eine Berufung auf einen historischen Gewährsmann (Per. 70, Cicero eius rei solus auctor), so müssen solche noch mehr in der umfänglicheren Epitome vorhanden gewesen sein. So erklärt sich, dass bei Orosius der Historiker Galba, der Grossvater des späteren Kaisers (5, 23, 9), wie auch Polyb, Valerius Antias und Claudius Quadrigarius (4, 20, 6 und anderswo) citiert werden.

III. Die übrigen Quellen.

a. Cassius Dio.

Über die Quellen des Dio, der für den hannibalischen Krieg nur in dem Auszuge des Zonaras und einigen Fragmenten vorliegt, können wir nicht viel mehr als die Worte Haupts[1]) wiederholen: „So muss es doch als ein Verdienst gelten, den Nachweis für das Vorhandensein mehrerer ganz entgegengesetzter Quellenströmungen in Dio's Kriegsgeschichte geliefert zu haben". Seit dieser Zeit ist in diesem Punkt die Wissenschaft nicht viel fortgekommen. Baumgartner[2]) hatte schon bewiesen, dass Livius und Polyb benutzt sind, aber in welchem Umfange ist eine noch unentschiedene Frage. Auch Coelius und einige wahrscheinlich griechisch schreibende Annalisten[3]) sind nicht ausgeschlossen; ja Coelius ist sogar sicher benutzt wie unten S. 77 ff. gezeigt werden wird. Soltau bringt in seiner neuesten Untersuchung[4]) in der Cassius Dio-Frage nichts Überzeugendes bei; besonders schwer ist es an Antias als Hauptquelle zu

---

[1]) Jahresbericht über Dio Cassius. Phil. 40, S. 139.
[2]) Über die Quellen des Cassius Dio für die ältere röm. Geschichte. Tübingen, 1880.
[3]) Baumgartners Gründe (S. 55) für die Benutzung griechischschreibender Annalisten sind gut, reichen aber nicht aus, um einen sicher zu nennen.
[4]) Dione e Livio nella III IV e V decade, Rivista bim. di antichità Grecche e Romane dir. da Garofalo I. 1. (Napoli, 1897).

denken, wiewohl eine gelegentliche Benutzung möglich wäre.
Lieber sollten wir uns daran erinnern, was Dio selbst erzählt
hat, wie er jahrelang gelesen, excerpiert und gesammelt hat[1]):
danach dürfen wir nicht an eine Hauptquelle denken, sondern
er hat wahrscheinlich sowohl die älteren wie die jüngeren
Geschichtschreiber benutzt, alle umgearbeitet, und hat dabei
viele Fehler selbst verschuldet. So wird man, wie Soltau
zwar gethan hat[2]), besser die Untersuchung über Dio (bzw.
Zonaras) auf Livius stützen als das Umgekehrte. Wir halten
dann die Möglichkeit offen, dass coelianische und annalistische
Angaben neben den livianischen bei ihm stehen, werden sie
jedoch nur zur Bestätigung schon gesicherter Resultate
benutzen.

b. Plutarch.

Obschon nur das Leben des Fabius hier in Betracht
kommt, liegen mehrere moderne Untersuchungen[3]) darüber
vor. Buchholz'[4]) Ansicht, dass Fabius Pictor die Quelle
sei, ist schon längst durch Soltaus erste Schrift[5]) widerlegt:
doch hat B. wie frühere Untersucher[6]) richtig an einer
lateinischen Quelle festgehalten. Neuerdings hat Soltau[7])
seine frühere Ansicht etwas modificiert. Richtig ist es, dass
eine römisch-biographische Quelle benutzt ist und die Verwandtschaft mit der Schrift De vir. ill. deutet auf Nepos
hin, den wir schon (S. 31) als mittelbare Quelle für diese
Schrift gefunden haben. Weil aber bei Plutarch die conta-
minierten Angaben fehlen, welche bei dem Auctor de vir. ill.

[1]) vgl. oben S. 9.

[2]) Livius Geschichtswerk, Leipzig, 1897, S. 190.

[3]) Litteratur bei Kaerst, Bursian's Jahresbericht, 1889, B. 58,
S. 361 und bei Soltau.

[4]) Quibus fontibus Plutarchus in vitis Fab. Max. et Marcell.
usus sit. Gryphiswaldiae, 1865.

[5]) De fontibus Plutarchi in secundo bello Punico enarrando.
Bonnae, 1870.

[6]) Heeren, De fontibus et auctoritate vit. parall. Plutarchi.
Gottingae, 1820. Klapp, De Plutarchearum vit. font. Rom. Bonnae, 1862.
H. Peter, Die Quellen Plutarchs. Halle, 1865.

[7]) Livius' 22. Buch und Plutarch. prog. Zabern, 1896. Nepos
und Plutarch, Fleckeis. Jahrb. 1896, S. 123 u. 357.

den mittelbaren Character der Benutzung des Nepos bewiesen haben[1]), dürfen wir hier eher eine direkte Benutzung annehmen, zumal da Plutarch den Nepos viermal citiert hat. In seinen früheren Schriften hat Soltau an einigen Stellen die Benutzung des Polyb und des Posidonius zugegeben: hier aber hat er sie nicht erwähnt. Die Thatsachen jedoch bleiben dieselben und es ist nötig zu erklären, woher Plutarch seine auf Polyb zurückgehenden Angaben und das Posidonius-Citat bekommen hat. Bekanntlich fing Posidonius' Geschichtswerk mit dem Jahre 145 an, so kann der berühmte Spruch über Fabius und Marcellus nur nebenbei darin gestanden haben. Da Plutarch dieses Geschichtswerk für das Leben des Fabius nicht brauchen konnte, ist das Citat, wenn wir es nicht als eine Reminiscenz erklären wollen, aus einem späteren Schriftsteller entlehnt. Es ist auch nicht nötig, directe Benutzung des Polyb anzunehmen, denn die wenigen Notizen hätte Plutarch sehr wohl durch Livius und spätere Griechen erhalten können. An der Benutzung des Livius aber ist kaum zu zweifeln, weil bei Plutarch Fehler vorkommen, welche nur durch ein Missverständnis des livianischen Berichtes zu erklären sind; wie Fab. 3: τοῦ ἵππου ἐξέπεσε καὶ κατενεχθεὶς ἐπὶ κεφαλήν aus Liv. 22, 3, 11: equus consulem lapsum super caput effudit[2]); für ähnliche Stellen vergleiche man Hesselbarth, a. a. O. S. 347, 524, 538[3]). Die directe Benutzung des Livius ist durch den Ruhm und die Verbreitung des Werkes noch wahrscheinlicher gemacht.

Die Benutzung des Coelius dürfen wir nach Soltaus erster Schrift zugeben: jetzt aber will er, das die coelianischen Angaben durch die Vermittelung der Epitome Fenestellas in den Plutarch gekommen seien. Diese Epitome aber ist mit Plutarch nirgendswo in Beziehung gebracht; ja sie ist

[1]) Mit Soltau (Wochensch. f. Klass. Phil. 1898, S. 494) zu vermuten, dass Nepos in einer verlorenen vita Fabii seinen eigenen chronologischen Fehler mit einer Angabe aus Eutrops Quelle kombiniert hat, heisst das Unmögliche zu versuchen um einen sicheren Beweis zu vermeiden.
[2]) vgl. Wölfflin, Liv. z. St.
[3]) vgl. auch Vollgraff a. a. O. p. 33, dass Plutarch (Fab. 3) 'horruit' mit 'corruit' (Liv. 22, 3, 11) verwechselt hat.

nur von Diomed (Gram. Lat. I, p. 365, K.) erwähnt mit den Worten: Apud Fenestellam invenitur in libro epitomarum secundo;
und dies soll nach Soltau bedeuten, dass Fenestella mehrere
Bücher von Auszügen aus den historischen Schriften anderer,
etwa ein historisches Lesebuch, geschrieben hat; für solch
eine Epitome kenne ich kein Beispiel, obwohl einige Zuthaten
des Excerptors in einer Epitome Platz finden konnten.
Richtig erklärt bedeuten die Worte ein verkürztes Werk
des Fenestella, ebenso wie ‚Bruti epitoma Fannianorum‘ (Cic.
ad Att. 12. 5. 3) eine Epitome des Fannius oder ‚epitome
Bruti Caelianorum‘ (ad Att. 13,8) eine Epitome des Coelius.
Auch die Mehrzahl ‚epitomarum‘ braucht uns keine Schwierigkeit zu machen: vergleiche man Columella 1. 1, 10 (Bithynius
Uticensem totum Dionysium, Poeni Magonis interpretem, per
multa diffusum volumina sex epitomis circumscripsit), wo
‚epitomae‘ wie ‚annales‘ oder ‚historiae‘ gebraucht ist und
bedeutet, dass es mehrere Bücher gab[1]). Es liegt am nächsten
zu denken, dass Fenestella eine Epitome seiner eigenen Annalen herausgab[2]), wie Varro, Vitruv oder Lactantius selbst
solche Auszüge besorgten, obgleich es auch möglich ist, dass
nur eine von einem Späteren besorgte Epitome zu Fenestella
oder Fenestellas Epitome zu einem anderen Historiker gemeint ist; aber auch in diesen Fällen haben wir nicht ein
historisches Lesebuch.

c. Cornelius Nepos[3]).

Auch hier brauchen wir nur eine vita, die des Hannibal,
zu betrachten, wobei wir erwarten könnten, die Frage schon
erledigt zu finden, da eine Untersuchung über diese eine
kurze vita vorhanden ist. Der Verfasser Haehnel[4]) hat un-

---

[1]) vgl. Priscian, G. L. III. S. 482, K. (Apuleius in epitomis)
mit II, 251 (Apuleius in epitoma).
[2]) vgl. Schanz, Röm. Litt. II. S. 195.
[3]) Für Litteratur vgl. Bitschofsky, Bericht über Nepos, Bursian's
Jahresbericht, 1892, II, S. 116.
[4]) Die Quellen des Cornelius Nepos im Leben Hannibals. (Jenenser
Diss.) Greifswald, 1888.

gefähr dieselbe Ansicht verteidigt wie Rinck[1]) vor langer Zeit, und zwar ohne ihn gekannt zu haben. So übersieht er auch manches andere in seiner Arbeit; Seite 20 citiert er Appian (Hann. 16) um zu beweisen, dass er auch wie Nepos den Hannibal ganz ohne Hilfe von Karthago seine italienischen Feldzüge durchführen liess[2]): aber Hann. 41 spricht Appian von Hannibals Elefanten, was bedeuten muss, dass er so gut wie Livius (23, 41, 10) von den Truppen und Elefanten wusste, die Bomilcar brachte. Denn Hannibal hatte seine mitgebrachten Elefanten alle an der Trebia und auf dem Marsche nach Etrurien verloren. So erwähnt Haehnel S. 31 die übertriebenen Schwierigkeiten des Alpenüberganges (Nepos, 3, 4.) und Polybs Tadel dieser Übertreibung (3, 47, 6) als Beweis, dass Nepos den Sosilus benutzt hat; er weiss aber nicht, dass die im Nepos erscheinende Ansicht gleichfalls von Livius (21, 36, 1) vertreten ist, der unmöglich den Sosilus benutzt hat, wohl aber den Silen (durch Coelius), der wahrscheinlich der Urheber dieses Berichtes war.

Im Übrigen findet Haehnel, durch Ähnlichkeiten mit Nepos beeinflusst, eine griechische Hannibal-freundliche Quelle (Sosilus) für Appian, obschon der letztere alle dem Hannibal zugeschriebenen Greuelthaten erwähnt hat. Diesen irrigen Schluss hat er dann benutzt, um die Quellen des Nepos zu bestimmen, obgleich die Quellenverhältnisse bei Appian weit verwickelter sind als die bei Nepos: denn, weil Nepos als Quellen Silen, Sosilus, Sulpicius Blitho, Polyb und Atticus genannt hat, brauchen wir hier nur zu bestimmen in wie weit jeder benutzt ist. Die zwei letzten sind sicher wenig gebraucht, doch Polyb etwas, wie Haehnel gezeigt hat. Sulpicius muss den annalistischen Bericht vertreten, obwohl wir über ihn gar nichts wissen[3]). Die Übereinstimmungen

[1]) G. F. Rinckii prolegomena ad Aemilium Probum, in Roths Ausgabe. Aemil. Probus, de excellentibus ducibus exterarum gentium. Basil, 1841.

[2]) In der Syriake 10 lässt Appian den Hannibal diese Behauptung in einer Rede vorführen, aber als Thatsache hat er sie nicht betrachtet.

[3]) Mit Schanz (Röm. Litt.-Gesch. I. S. 160) anzunehmen, dass dieses

mit Appian sollten vielmehr beweisen, dass dieser annalistische Teil grösser ist, wie Haehnel zugiebt; aber mit
dieser Beschränkung muss seine Ansicht über die Quellen
(besonders Silen und Sosilus) ungefähr richtig sein, obschon
wir Nepos' Quellen mit seinem chronologischen Fehler
(Hann. 5.)[1]) nicht belasten dürfen.

Über Nepos Arbeitsweise ist es möglich, ziemlich be-
stimmt zu sprechen: seine Fehler, der durchaus flüchtige
Charakter, der Mangel an genaueren Beschreibungen, alle
zeigen, dass Nepos erst seine Quellen durchlas und dann
ohne nachzuschlagen das Büchlein schrieb.

d. Polyb.[2])

Es ist schon längst erkannt, dass Polyb mehrere Quellen
benutzt hat; diese aber hat er so zusammengearbeitet, dass
es schwierig oder unmöglich ist, sie genau zu unterscheiden.
Von diesen sind gewöhnlich Fabius, eine scipionische und
eine karthagische Quelle erwähnt. Die scipionische Quelle
ist sicher in zwei zu zerlegen, eine geschriebene und eine
mündliche (= Laelius).[3]) Unter den karthagischen Quellen
ist Silen sicher bewiesen[4]), obwohl er von Polyb nicht citiert
wird; dazu kommen die citierten Quellen, Chaereus und
Sosilus, und vielleicht andere dem Hannibal freundlich ge-
sinnte Griechen.

Cato als Quelle ist gewöhnlich bezweifelt worden,
aber mit Unrecht; eine genauere Untersuchung kann

Citat aus Atticus stammt, ist sehr bedenklich, weil es unwahrscheinlich
ist, dass Citate in einem so kurzen Werke vorkamen und weil der
Charakter des annalistischen Teiles bei Nepos im Gegensatz steht
zu allem, was wir von Atticus' liber annalis wissen. Zum Beweise
dürfen wir die Chronologie vergleichen, die bei Atticus Hauptsache
war, während Nepos sie kaum beachtete.

[1]) vgl. oben S. 31: den Fehler hat Nepos selbst gemacht.

[2]) Für Litteratur vgl. Jacoby, Phil. 45. S. 321.

[3]) vgl. v. Breska, Untersuchungen ü. d. Quellen des Polyb im
3. Buche. (Leipz. Diss.) Berlin, 1880.

[4]) vgl. Böttcher. a. a. O., v. Breska. a. a. O., Valeton De Polybii
fontibus et auctoritate. Traj. ad Rhenum, 1879.

Soltaus[1]) Ansicht nur bestätigen. Diese reiche Anzahl von
Quellen hat Polyb durch mündliche Mitteilungen, eigene
Untersuchungen und Einfügung von Urkunden noch erwei-
tert. Ich hebe dies hervor nur um zu zeigen, wie verkehrt
es früher war, eine gemeinschaftliche Quelle für Polyb und
Livius anzunehmen. Wir müssen gewöhnlich, wenn wir
Fehler bei Polyb finden, diesen selbst, und nicht eine seiner
Quellen dafür verantwortlich machen, doch nicht immer; denn
an einigen Stellen haben die scipionischen Quellen ihn irre
geführt und die anderen waren nicht zuverlässiger, obschon
durch ihre Benutzung wegen Polybs Misstrauen nicht viele
Irrthümer hineingekommen sind.

Heutzutage zweifelt niemand, dass Polyb weitaus die
beste Quelle für seine Zeit ist; hat aber Livius so geurteilt?
Um diese Frage zu beantworten müssen wir die Polybcitate
bei Livius genau ins Auge fassen. Von 6 Citaten ist Livius
ihm an drei Stellen, jedesmal über Ereignisse in Griechenland, gefolgt: zweimal hat er ihn an zweiter Stelle als eine
interessante Variante erwähnt; und einmal ist er geradezu
abgewichen. Daraus könnten wir schliessen, dass Livius ihm
nicht viel höher als seine anderen Quellen geschätzt hat;
doch betrachten wir weiter. Liv. 30, 45, 5 wird er 'haudquaquam spernendus auctor' genannt. Dies will Nissen[2]) mit
„einem höchst beachtenswerten Gewährsmann“ übersetzen:
er hat aber nicht beachtet, dass der andere Bericht hier vor-
gezogen und Polyb nur für eine interessante, doch geradezu
falsche, Variante citiert ist.[3]) Viel bestimmter aber hat

---

[1]) Woch. Klass. Phil. 1886, S. 586, 1888, S. 373, vgl. Solbisky,
Die Schlacht bei Cannae. Weimar, 1888, S. 8.

[2]) Krit. Untersuchungen, S. 36.

[3]) Der Sprachgebrauch verlangt nicht notwendig, dass die
Litotes eine starke Bejahung ist, obwohl sie so gebraucht sein kann.
Gerade bei Livius ist sie häufig nur eine stilistische Variante, und
wir können Stellen genug finden, wo sie schwächer als ein positiver
Ausdruck ist; vgl. Liv. 45, 43, 3 nequaquam esse contemnendum:
Lucius Anicius wird mit Aemilius Paulus verglichen und das vorher-
gehende zeigt deutlich, dass er wesentlich an zweiter Stelle steht.
So Liv. 30, 7, 10 Hasdrubalem propediem adfore cum manu haud-

Livius sich 33, 10, 10 über Polyb ausgedrückt: "sed Polybium secuti sumus, non incertum auctorem cum omnium
Romanarum rerum tum praecipue in Graecia gestarum".
Dieser Ausdruck ist deutlich: für griechische Ereignisse ist
er der erste Gewährsmann, für andere römische Sachen steht
er zwar nicht so hoch, ist jedoch beachtenswert. Gerade
dieses Verhältnis dürfen wir in seiner Benutzung durch
Livius erwarten; denn der Ausdruck 'cum omnium Romanarum rerum' ist unerklärlich, wenn Livius ihn nur für
griechische Ereignisse benutzt hat.

c. Verlorene Quellen.[1])

Die anderen Geschichtsschreiber, welche Livius in der
dritten Dekade citiert hat, sind Silen, Fabius, Cincius, Piso,
Coelius, Claudius qui annales Acilianos ex Graeco in Latinum sermonem vertit. Valerius Antias und Clodius Licinus.
Piso, Claudius und Antias waren in der ersten Dekade benutzt und ihr Einfluss ist auch hier öfter erkennbar. Dass
dieser Claudius mit Claudius Quadrigarius identisch sei, ist
jetzt ziemlich allgemein angenommen; mit Soltau aber zwei
Schriften desselben Verfassers zu vermuten, liegt die Notwendigkeit nicht vor, wie er selbst (Liv. Geschichtswerk,
S. 62) zugiebt. Vielmehr dürfen wir aus dem Citate (25,
39, 12) schliessen, dass die Übersetzung von Acilius' Annalen
auch ein Annalenwerk war. Müssen wir aber an einer
genauen Übersetzung festhalten? Ich glaube nicht. Denn
Livius (35, 14, 5) citiert "Claudius, secutus Graecos Aci-

quaquam contemnenda: Hasdrubal hatte kurz vorher seine ganze
Armee verloren und dies ist nur ein neues Aufgebot. vgl. die Aus-
führungen von Müller, Zum Sprachgebrauch des Livius, Stendal, 1897;
Sigismund, De haud negationis apud priscos scriptores usu, Lipsiae,
1883; Planer, De haud et haudquaquam negationum apud scriptores
Latinos usu, Jenae, 1886; Weyman, Studien über die Figur der
Litotes, Leipzig, 1886.

[1]) Über Ennius spreche ich nicht, weil Livius ihn kaum als
geschichtliche Quelle hätte betrachten können, wiewohl er ihn aus
der Schullektüre kannte. Stilistisch aber war sein Einfluss bedeutend
besonders in der ersten Dekade. vgl. Stacey, Archiv f. lat. Lex. X, 17 (1896).

lianos libros", genau wie Cicero den Coelius citiert hat (De
Div. I. 24, 49): "in Sileni, quam Coelius sequitur, Graeca
historia", und niemand glaubt, dass Silen die einzige Quelle
des Coelius war.

Fabius ist auch in der ersten Dekade mehrmals citiert
worden und jedesmal mit Anerkennung seines Wertes; doch
findet man oft die Behauptung, dass dies nur mittelbare
Citate sind. Alle solche Vermutungen beruhen auf einer vor-
gefassten falschen Meinung über die Art und Weise der
Quellenbenutzung bei Livius[1]). Es ist meines Wissens niemals
gezeigt, dass Livius ein einziges Fabius-Citat durch Vermittelung eines anderen Schriftstellers bekommen hat oder
bekommen musste. So scheint es besser, den Fabius unter
die direkten Quellen zu rechnen, obschon die Ausdehnung
solcher Benutzung nur gering sein konnte. Die Gering-
fügigkeit der Benutzung konnte aber in Livius Bestreben
nach einer ausführlichen Darstellung liegen, und ich sehe
keinen Grund, seine Kenntnis von Fabius zu leugnen. Anders liegt die Sache bei Silen und Cincius: der erstere ist
nur einmal im ganzen Livius citiert und wir wissen, dass
Coelius ihn nicht nur benutzte sondern auch nannte. Für
Cincius haben wir keine solchen Zeugnisse, doch denke ich
den mittelbaren Charakter des Citats beweisen zu können
(vgl. S. 110). An der direkten Benutzung des Zeitgenossen
Clodius Licinus ist dagegen gar nicht zu zweifeln. Dies ist
noch interessanter, weil wir keine andere Spur von Clodius
bei Livius finden. Auch der genaue Charakter des Citats[2])
ist bei Livius ohne weiteres Beispiel und lässt vermuten,
dass Livius denselben nicht oft benutzt hat. Für die Arbeitsweise des Livius ist dies bezeichnend; denn wie konnte
er wissen, dass diese interessante Angabe bei Clodius stand,
wenn er ihn nicht gelesen hatte? und wie konnte er sie so
genau citieren, wenn er nicht gleich beim Lesen auch ein
Excerpt machte?

Über Coelius bleibt nur die Frage, in wie weit er benutzt

---

[1] vgl. Luterbacher, Deutsch. Litteraturzeitung 1897. S. 1968;
dagegen Soltau, Philologus 1898. B. 57, S. 345.

[2] vgl. Liv. 29. 22, 10. Clod. Lic. in libro tertio.

ist, da die Benutzung selbst allgemein zugegeben wird.[1]) Und doch hat Sturm[2]) versucht den Beweis zu liefern, dass Coelius von Livius überhaupt nicht benutzt worden ist. Die Arbeit ist wahrlich höchst interessant, obwohl sie nur beweist, wie gefährlich für einen ungeübten Forscher die Nissensche Untersuchungsmethode ist. Oft scheinen seine Schlüsse reine Parodie zu sein[3]) und man könnte denken, sein Ziel sei durch die bekannte reductio ad absurdum den Nissen zu widerlegen.

f. Die Benutzung der Annalisten.

In der folgenden Untersuchung wird sich keine Gelegenheit finden den Livius mit seinen annalistischen Quellen in längeren Abschnitten zu vergleichen. Diesem Mangel muss ich durch ein vorangeschicktes Beispiel abhelfen, wenn ich ein klares Bild von der Quellenbenutzung des Livius geben will. Bei Gellius (N. A. 9, 13, 1) nämlich haben wir ein langes wörtliches Citat aus Claudius über Manlius Torquatus, welches dem Livius bekannt war: vgl. 6, 42, 5: bellatum cum Gallis eo anno circa Anienem flumen auctor est Claudius inclitamque in ponte pugnam, qua T. Manlius Gallum, cum quo provocatus manus conseruit, in conspectu duorum exercituum caesum torque spoliavit, tum pugnatam, pluribus auctoribus magis adducor, ut credam decem haud minus post annos ea acta,—. Betrachten wir nun Liv. 7, 9, 8, wo er die Geschichte nochmals erzählt, ohne den Claudius zu citieren.

Claudius.	Livius.
Cum interim Gallus quidam nudus praeter scutum et gladios duos torque atque armillis decoratus processit, qui et viribus et magnitudine et adulescentia simulque virtute ceteris antistabat. is maxime proelio commoto atque	Tum eximia corporis magnitudine in vacuum pontem Gallus processit et, quantum maxima voce potuit, 'quem nunc' inquit 'Roma virum fortissimum habet, procedat, agedum, ad pugnam, ut noster duorum eventus ostendat.

---

[1]) vgl. Meltzer, a. a. O., Wölfflin, a. a. O., Sieglin, Frag. d. L. Coelius Antipater, Leipzig, 1876, Gilbert, Fleckeisen Jhrb. Suppl. X, S. 363.

[2]) Quae ratio inter tertiam T. Livii decadem et L. Coelii Antipatri historias intercedat. Würzburg, 1883.

[3]) vgl. Soltau, Livius' Geschichtswerk, S. 64, n. 3. (Leipzig, 1897).

utrisque summo studio pugnantibus, manu significare coepit utrisque, quiescerent. pugnae facta pausa est. extemplo silentio facto cum voce maxima conclamat, si quis secum depugnare vellet, uti prodiret, nemo audebat propter magnitudinem atque immanitatem facies. deinde Gallus in ridere coepit atque linguam exertare. id subito perdolitum est cuidam Tito Manlio, summo genere gnato, tantum flagitium civitati adcidere, e tanto exercitu neminem prodire. is, ut dico, processit neque passus est virtutem Romanam ab Gallo turpiter spoliari. scuto pedestri et gladio Hispanico cinctus contra Gallum constitit. metu magno ea congressio in ipso ponti utroque exercitu inspectante facta est. ita, ut ante dixi, constiterunt: Gallus sua disciplina scuto proiecto cunctabundus; Manlius, animo magis quam arte confisus, scuto scutum percussit atque statum Galli conturbavit. dum se Gallus iterum eodem pacto constituere studet, Manlius iterum scuto scutum percutit atque de loco hominem iterum deiecit; eo pacto ei sub Gallicum gladium successit, ne Gallus impetum in ictu haberet, et Hispanico pectus hausit; deinde continuo umerum dextrum eodem concessu incidit neque recessit usquam, donec subvertit. Ubi cum evertit, caput praecidit, torquem detraxit eamque sanguinulentam sibi in collum imponit. quo ex facto ipse posterique eius Torquati sunt cognominati.

utra gens bello sit melior'. diu inter primores iuvenum Romanorum silentium fuit, cum et abnuere certamen vererentur et praecipuam sortem periculi petere nollent; tum T. Manlius L. f. qui patrem a vexatione tribunicia vindicaverat, ex statione ad dictatorem pergit. (Es folgt ein Gespräch zwischen Manlius und dem Diktator). armant inde iuvenem aequales; pedestre scutum capit, Hispano cingitur gladio ad propiorem habili pugnam; armatum adornatumque adversus Gallum stolide laetum et — quoniam id quoque memoria dignum antiquis visum est—linguam etiam ab inrisu exserentem producunt. recipiunt inde se ad stationem, et duo in medio armati spectaculi magis more quam lege belli destituuntur, nequaquam visu ac specie aestimantibus pares. corpus alteri magnitudine eximium, versicolori veste pictisque et auro caelatis refulgens armis; (folgen einige Einzelheiten über Manlius). ubi constitere inter duas acies, tot circa mortalium animis spe metuque pendentibus, Gallus velut moles superne imminens proiecto laeva scuto in advenientis arma hostis vanum caesim cum ingenti sonitu ensem deiecit; Romanus mucrone subrecto, cum scuto scutum imum perculisset totoque corpore interior periculo vulneris factus insinuasset se inter corpus armaque, uno alteroque subinde ictu ventrem atque inguina hausit et in spatium ingens ruentem porrexit hostem. iacentis inde corpus

ab omni alia vexatione intactum
uno torque spoliavit, quem re s p e r-
sum cruore collo circum-
dedit suo . . . militariter io-
culantes Torquati cognomen
auditum: celebratum deinde
posteris . . . .

Die Uebereinstimmungen (gesperrt gedruckt) sprechen
unzweideutig für die Benutzung des Claudius durch Livius;
da aber C. Peter[1]) und neulich Soltau[2]) den Claudius hier
als einzige Quelle angegeben haben, betrachten wir zuerst
die Abweichungen. Die Unterredung zwischen Manlius und
dem Diktator wie auch der Vater des Manlius und seine
Verteidigung gegen die Tribunen (Liv. 7, 10, 2—4) sind bei
Claudius nicht einmal erwähnt; eben so steht der Zweck des
Kampfes (Liv. 9, 8) bei Claudius nicht; Livius 10, 9 vanum
caesim cum ingenti sonitu ensem deiecit ist bei Claudius § 17
(eo pacto ei sub Gallicum gladium successit, ne Gallus impetum
in ictu haberet) kaum angedeutet, während Claudius § 16
(cunctabundus) geradezu das Gegenteil behauptet. Merkwürdig
ist auch, dass nach Claudius der Gallier 'inridere coepit
atque linguam exertare', bevor Manlius die Vertretung der
Römer in dem Zweikampf übernommen hatte, während Livius
behauptet, dass Manlius schon auf dem Wege zum Kampf-
platz war, als der Gallier so anfing. Wir finden aber noch
stärkere Abweichungen: wie Livius 9, 8 (in vacuum pontem
Gallus processit) und Claud. 8, (is maxime proelio commoto . . .
manu significare coepit utrisque quiescerent); Livius 10, 7
(von dem Gallier) 'versicolori veste' und Claud. 7 'nudus
praeter scutum'; und die ganze Beschreibung des Manlius
(Liv. 10, 8), die bei Claudius fehlt. vgl. weiter Liv. 10, 10
(Manlius . . . toto corpore interior periculo vulneris factus
insinuasset se inter corpus armaque) mit Claud. § 16. (statum
Galli conturbavit) und § 17 (de loco hominem iterum deiecit):

[1]) Das Verhältnis des Livius und Dionysius Hal. zu einander u.
z. d. ält. Annalisten, Prog. Anclam, 1853 und Vet. hist. Rom. reliquiae,
Halle, 1870.

[2]) Livius' Geschichtswerk, S. 102 und 138.

und Liv. 10, 11 (iacentis corpus ab omni alia vexatione
intactum) mit Claud. 18 (caput praecidit).

Da die Abweichungen eben so schlagend und noch zahlreicher als die Uebereinstimmungen sind, ist an den Claudius
als einzige Quelle nicht zu denken. Um nun zu zeigen,
dass Livius hier kombiniert hat, brauchen wir den weiteren
Beweis, dass er den Claudius wenigstens für einen Teil
seiner Darstellung direkt benutzt hat, was schon der eigen-
tümliche Charakter einiger der Uebereinstimmungen deutlich
zeigt. Nehmen wir zuerst den Ausdruck scuto scutum:
diese Figur ist poetischen Ursprungs wie Landgraf[1]) gezeigt
hat, und seine Beispiele lassen uns die Quelle des Claudius
sicher erkennen. Vergleiche man Homer II. 13, 130

Φράξαντες δόρυ δουρί, σάκος σάκει προθελύμνω
ἀσπὶς ἄρ' ἀσπίδ' ἔρειδε, κόρυς κόρυν, ἀνέρα δ' ἀνήρ.

Tyrtaeus. Frg. 11, 31 (Bergk)

καὶ πόδα παρ' ποδὶ θεὶς καὶ ἐπ' ἀσπίδος ἀσπίδ' ἐρείσας.

Ennius. Ann. (Müller) 131 pila retunduntur venientibus obvia pilis.

498 et pede pes premitur atque armis arma teruntur.

Furius (bei Macrob. 6, 3, 5)

pressatur pede pes, mucro mucrone, viro vir.

Vergil. Aen. 10, 361 haeret pede pes, densusque viro vir.

10, 734 seque vir viro contulit.

Sil. Ital. 9, 323   galea horrida flictu

Adversae ardescit galeae, clipeusque fatiscit
Impulsu clipei, atque ensis contunditur ense,
pes pede, virque viro teritur.

4, 352 teritur iunctis umbonibus umbo, pesque pedemque premit.

Statius, Theb. 8, 397

iam clipei clipeis, umbone repellitur umbo
ense minax ensis, pede pes et cuspide cuspis.

Poet. aevi Car. II, 122, 71

Cum ferro ferrum, cum scutis scuta[2]) repugnant,
Cum plumbo plumbum, cumque sudes sudibus.

---

[1]) Substantivische Parataxen. Archiv V, S. 161.
[2]) Eine Nachahmung von Livius oder Gellius.

Den von Homer erfundenen Ausdruck hat Ennius erst in das Lateinische übergeführt, wobei er schwerlich den Begriff ‚Schild‘ auslassen konnte. Er hat es auch nicht gethan, wie clipeus sowohl bei seinem Nachahmen Sil. Italicus wie auch bei Statius beweist. Auch muss ein früherer Dichter den Ausdruck dem Claudius übermittelt haben, wofür Ennius allein möglich ist. Wenn clipeus bei Ennius stand, wie wahrscheinlich scheint, hat Claudius in scutum geändert, um mit der Geschichte in Uebereinstimmung zu kommen; vgl. Liv. 8, 8, 3: Clipeis antea Romani usi sunt; dein, postquam stipendiarii facti sunt, scuta pro clipeis fecere. Dass Claudius den Ennius durch die Vermittelung eines älteren Annalisten gekannt haben soll, ist unmöglich, weil weder solche Ausdrücke noch solche ausführliche Beschreibungen in ihrem trocknen knappen Stil, den Cicero[1]) so getadelt hat, passen.

Vergleichen wir zunächst Hispanico pectus hausit (Claud.) und ictu ventrem atque inguina hausit (Liv.): die Konstruktion ist nur dichterisch oder spätlateinisch; vgl. Weissenborn-Müller z. St. für Beispiele, besonders Homer N, 507. Hinzuzufügen wären noch Ovid. Met. 8, 438 hausitque nefando pectora Plexippi . . . ferro; Lucrez, 5, 1324 et latera ac ventres hauribant supter equorum cornibus; Verg. Aen. 10, 314, gladio latus haurit; Sil. Ital. 5, 524 latus ense haurit; Curtius Rufus, 7, 2, 27 latus gladio haurit. In der guten Prosa kommt der Ausdruck nur bei Livius vor; so muss er ihn aus seiner Quelle Claudius genommen haben. Hier auch wird Ennius die Urquelle gewesen sein.

Nehmen wir den dritten Vergleich dazu: scuto pedestri et gladio Hispanico cinctus (Claud.) und pedestre scutum capit, Hispano cingitur gladio (Liv.). Auf den Anachronismus (Hispanicus gladius) hat Weissenborn-Müller z. St. schon aufmerksam gemacht und wir dürfen hinzufügen, dass Claudius selbst der Urheber dieses Fehlers war. Weil die älteren Annalisten, deren Zeit bis auf den zweiten punischen Krieg

[1]) De Leg. 1, 2, 6.

reichte, von der Einführung der spanischen Schwerter wussten, hätten sie diesen Fehler nicht begehen können. Dass eine aus zwei oder mehr Quellen kombinirte Angabe bei Livius vorliegt, sehen wir auch aus seinen Worten am Schluss, '(torquem) respersum cruore,' die in Widerspruch mit 'corpus ab omni alia vexatione intactum' stehen. Da Manlius den Gallier nur am Leib verwundet hat, fragen wir den Livius vergebens, woher das Blut an der Halskette kam. Ähnlich beschreibt Claudius die Halskette als ‚sanguinulentam': hier aber ist der Ausdruck durch das vorangehende 'caput praecidit' verständlich gemacht. Die allein mögliche Erklärung für den Ursprung des Ausdruckes (respersum cruore) bei Livius ist, dass er aus dem 'sanguinulentam' des Claudius entstand, während der übrige Teil des Satzes aus einer anderen Quelle gezogen ist.

Die Möglichkeit, das ein späterer Schriftsteller den Claudius mit einer anderen Quelle kombiniert und dem Livius übermittelt hat, habe ich absichtlich nicht näher besprochen; zwar hätte Tubero, der Freund Ciceros, der Zeit nach diese Stelle einnehmen können, doch finden wir in seinen Fragmenten kein Zeichen der Benutzung des Claudius und, wie Soltau[1]) angedeutet hat, ist es sehr unwahrscheinlich, dass ein Historiker. des gelehrten Kreises eines Varro, Atticus, und Nepos eine so späte Quelle benutzt hat.

Eine Vermittelung durch Livius' andere Quellen Antias und Macer ist auch durch ihre Zeit ausgeschlossen; so muss Livius selbst den Claudius mit einer anderen Quelle frei zusammengearbeitet haben. Mit diesem Beweise gehen wir nun zu dem 21. Buche über, wo wir hoffen den Beweis zu liefern, dass er auch den Polyb in derselben Weise benutzt hat.

---

¹) Livius' Geschichtswerk, S. 108.

IV. Die polybianischen Bestandteile von Livius Buch 21 und 22.

a. Die spanischen Feldzüge.

Um die Quellen des Livius hier zu erforschen, müssen wir zuerst den ganzen Abschnitt mit Polyb vergleichen:

Polyb 3, 13, 5 — 14, 10.

Λννίβας δὲ παραλαβὼν τὴν ἀρχὴν
εὐθέως ὥρμησεν ὡς καταστρεψό-
μενος τὸ τῶν Ὀλκάδων ἔθνος·
ἀφικόμενος δὲ πρὸς Ἀλθαίαν τὴν
βαρυτάτην αὐτῶν πόλιν κατεσ-
τρατοπέδευσεν, μετὰ δὲ ταῦτα χρησάμενος ἐνεργοῖς ἅμα καὶ καταπληκτι-
καῖς προσβολαῖς ταχέως ἐκράτησε
τῆς πόλεως. οὖ συμβάντος οἱ
λοιποὶ γενόμενοι καταπλαγεῖς
ἐνέδωκαν αὐτοὺς τοῖς Καρχη-
δονίοις. ἀργυρολογήσας δὲ τὰς
πόλεις, καὶ κυριεύσας πολλῶν χρη-
μάτων, ἦκε παραχειμάσων εἰς
Καινὴν πόλιν. μεγαλοψύχως
δὲ χρησάμενος τοῖς ὑποταττο-
μένοις, καὶ τὰ μὲν δοὺς τῶν
ὀψωνίων τοῖς συστρατευομέ-
νοις, τὰ δ᾽ ὑπισχνούμενος, πολλὴν
εὔνοιαν καὶ μεγάλας ἐλπίδας
ἐνειργάσατο ταῖς δυνάμεσι. τῷ
δ᾽ ἐπιγινομένῳ θέρει πάλιν ὁρμήσας
ἐπὶ τοὺς Οὐακκαίους Ἕλμαρ-
τικήν μὲν ἐξ ἐφόδου ποιησάμενος
προσβολὰς κατέσχεν. Ἀρβου-
κάλην δὲ διὰ τὸ μέγεθος τῆς πόλεως
καὶ τὸ πλῆθος, ἔτι δὲ τὴν γεν-
ναιότητα τῶν οἰκητόρων, μετὰ
πολλῆς ταλαιπωρίας πολιορκήσας κατὰ κράτος εἷλε. μετὰ δὲ ταῦτα
παραδόξως εἰς τοὺς μεγίστους ἦλθε
κινδύνους ἐπανάγων, συνδραμόντων
ἐπ᾽ αὐτὸν τῶν Καρπησίων, ὃ σχεδὸν
ἰσχυρότατόν ἐστιν ἔθνος τῶν κατ᾽
ἐκείνους τοὺς τόπους, ὁμοίως δὲ καὶ

Livius 21, 5, 3—17.

quibus oppugnandis quia haud dubie Romana arma movebantur, in Olcadum prius fines — ultra Hiberum ea gens in parte magis quam in dicione Carthaginiensium erat — induxit exercitum, ut non petisse Saguntinos, sed rerum serie finitimis domitis gentibus iungendoque tractus ad id bellum videri posset. Cartalam urbem opulentam, caput gentis eius, expugnat diripitque: quo metu perculsae minores civitates stipendio inposito imperium accepere. victor exercitus opulentusque praeda Carthaginem Novam in hiberna est deductus. ibi large partiendo praedam stipendioque praeterito cum fide exsolvendo cunctis civium sociorumque animis in se firmatis vere primo in Vaccaeos promotum bellum. Hermandica et Arbocala, eorum urbes, vi captae. Arbocala et virtute et multitudine oppidanorum diu defensa: ab Hermandica profugi exulibusOlcadum, priore aestate domitae gentis, cum se iunxissent, concitant Carpetanos adortique Hannibalem regressum ex Vaccaeis haud procul Tago flumine, agmen grave

τῶν ἀσυγκτιτόνων ἀθροισθέντων ἅμα
τούτοις, οὓς ἠρέθισαν μάλιστα μὲν
οἱ τῶν Ὀλκάδων φυγάδες, συν-
εξέκαυσαν δὲ καὶ τῶν ἐκ τῆς
Ἑλμαντικῆς οἱ διασωθέντες.
πρὸς οὓς εἰ μὲν ἐκ παρατά-
ξεως ἠναγκάσθησαν οἱ Καρ-
χηδόνιοι, διακινδυνεύειν, ὁμο-
λογουμένως ἂν ἡττήθησαν. νῦν
δὲ πραγματικῶς καὶ νουνεχῶς ἐξ
ὑποστροφῆς ἀναχωρήσαντος Ἀννίβου,
καὶ πρόβλημα ποιησάμενον τὸν
Τάγον καλούμενον ποταμόν, καὶ
περὶ τὴν τοῦ ποταμοῦ διάβασιν συσ-
τησάμενον τὸν κίνδυνον, ἅμα δὲ
συγχρησαμένου συναγωνιστῇ τῷ πο-
ταμῷ καὶ τοῖς θηρίοις οἷς εἶχε
περὶ τετταράκοντα τὸν ἀριθ-
μόν, συνέβη τὰ ὅλα παραδόξως καὶ
κατὰ λόγον αὐτῷ χωρῆσαι. τῶν
γὰρ βαρβάρων ἐπιβαλομένων κατὰ
πλείους τόπους βιάζεσθαι καὶ
περαιοῦσθαι τὸν ποταμόν, τὸ μὲν
πλεῖστον αὐτῶν μέρος διεφ-
θάρη, περὶ τὰς ἐκβάσεις, παραπο-
ρευομένων τῶν θηρίων παρὰ
τὸ χεῖλος καὶ τοὺς ἐκβαίνοντας
ἀεὶ προκαταλαμβανόντων· πολ-
λοὶ δὲ κατ' αὐτὸν τὸν ποταμὸν ὑπὸ
τῶν ἱππέων ἀπώλοντο, διὰ τὸ κρα-
τεῖν μὲν μᾶλλον τοῦ ῥεύματος
τοὺς ἵππους, ἐξ ἐπιδεξίου δὲ
ποιεῖσθαι τὴν μάχην τοὺς ἱπ-
πέας πρὸς τοὺς πεζούς. τέλος δὲ
τοὔμπαλιν ἐπιδιαβάντες οἱ περὶ
τὸν Ἀννίβαν ἐπὶ τοὺς βαρβάρους
ἐτρέψαντο πλείους ἢ δέκα μυριάδας ἀνθρώπων, ὧν ἡττηθέντων
οὐδεὶς ἔτι τῶν ἐντὸς Ἴβηρος
ποταμοῦ ῥᾳδίως πρὸς αὐτοὺς
ἀντοφθαλμεῖν ἐτόλμα πλὴν
Ζακανθαίων. ταύτης δὲ τῆς
πόλεως ἐπειρᾶτο κατὰ δύναμιν ἀπέχεσθαι, βουλόμενος

praeda turbavere. Hannibal proelio abstinuit castrisque super
ripam positis, cum prima quies
silentiumque ab hostibus fuit,
amnem vado traiecit valloque
ita producto ut locum ad trans-
grediendum hostes haberent, in-
vadere eos transeuntes statuit.
equitibus praecepit, ut, cum
ingressos aquam viderent, adori-
rentur impeditum agmen, in ripa
elephantos — quadraginta
autem erant — disponit. Carpetanorum cum adpendicibus Olcadum Vaccaeorumque centum
milia fuere, invicta acies,
si aequo dimicaretur campo.
itaque et ingenio feroces et multitudine freti et, quod metu cessisse credebant hostem, id morari
victoriam rati, quod interesset
amnis, clamore sublato passim
sine ullius imperio, qua cuique
proximum est, in amnem ruunt.
et ex parte altera ripae vis ingens equitum in flumen im-
missa, medioque alveo haudquaquam pari certamine
concursum, quippe ubi pedes
instabilis ac vix vado fidens vel
ab inermi equite equo temere
acto perverti posset, eques corpore armisque liber, equo
vel per medios gurgites sta-
bili, comminus eminusque rem
gereret. pars magna flumine
absumpta: quidam verticoso
amni delati in hostis ab elephantis obtriti sunt. postre-
mi, quibus regressus in suam
ripam tutior fuit, ex varia trepi-
datione cum in unum colligeren-
tur, priusquam a tanto pavore
reciperent animos, Hannibal

5*

μηδεμίαν ἀφορμὴν ὁμολογουμένην δοῦναι τοῦ πολέμου 'Ρωμαίοις, —

agmine quadrato amnem ingressus fugam ex ripa fecit vastatisque agris intra paucos dies Carpetanos quoque in deditionem accepit, et iam omnia trans Hiberum praeter Saguntinos Carthaginiensium erant.

Die Übereinstimmungen sind durch den Druck deutlich gemacht; doch bemerke man, dass quibus . . . movebantur und non petisse Saguntinos am Anfang bei Livius aus Polybs letztem Satz ταύτης . . . 'Ρωμαίοις entstanden sind; weiter, dass valloque ita producto ein Fehler des Livius ist, der durch πρόβλημα bei Polyb veranlasst wurde.[1]) Dies sind noch stärkere Beweise für die Benutzung des Polyb als die Übereinstimmung in der Erzählung der Thatsachen; denn die erste Stelle ist Polybs eigener Gedanke und die zweite enthält eine Unmöglichkeit, die nur als Fehler zu erklären ist.

Betrachten wir nun die Unterschiede; hier bemerken wir gleich, dass einige Zuthaten bei Livius einen sachlichen Zusammenhang haben; so in der ersten Hälfte opulentam . . . diripit, opulentus praeda und large partiendo praedam; in der zweiten, adorti . . . agmen grave praeda turbavere, . . . proelio abstinuit castrisque super ripam positis, . . . quod metu cessisse credebant hostem und vastatis agris . . . Carpetanos in deditionem accepit. Wegen des einheitlichen Charakters ist es nötig anzunehmen, dass Livius diese Zuthaten entweder selbst erfunden, oder aus einer einzigen Quelle entlehnt hat. Weil aber durch dieselben die ganze Erzählung sehr wesentlich verändert und in einigen Teilen wie dem Rückzug Hannibals über den Fluss viel glaubwürdiger als der Bericht Polybs geworden ist, sollten wir eher an eine zweite Quelle denken; ja dieser Schluss ist unvermeidlich, wenn wir Livius' Wahrheitsliebe in Betracht ziehen. Die Thatsachen hat er niemals absichtlich verändert, wie wohl er oft in Reden sich eine freie Ausmalung gestattet hat. Der Charakter der

---

[1]) vgl. Wölfflin, Liv. B. 21, Einl. S. 21; Luterbacher, De font. Liv. S. 33; Soltau, Prog. Zabern, S. 8.

Zuthaten bietet noch einen Beweis; den Ausdruck vastatis
agris kann Livius kaum von sich hinzugefügt haben, obschon
wir ihn häufig finden, oft wo er geradezu unpassend ist. Für
eine solche Stelle vergleiche man Liv. 21, 7, 4 und Appian
Iber. 10 τὴν χώραν ἐπόρθει (bei der Belagerung Sagunts), wo es
gegen Hannibals Interesse war das Land zu verwüsten; daher
müssen Livius und Appian diesen Unsinn direkt oder indirekt
aus derselben Quelle bekommen haben. Ebenso hat Livius
an unserer Stelle nur seine Vorlage kopiert.[1] In derselben
Weise erklärt Böttcher (S. 365) quadrato agmine, obwohl die
meisten Forscher nur eine Zuthat des Livius selbst darin
sehen. Livius hat diesen Ausdruck im Ganzen elfmal (zum
ersten Male, 2, 6, 5) benutzt; hier ist er unpassend und wir
können kein Urteil abgeben, woher er stamme. An einigen
Stellen ist er ziemlich sicher der Quelle zuzuschreiben,
besonders in der ersten Dekade, wo Livius seine militärischen
Ausdrücke noch zu lernen hatte. Bestimmter können wir
über die Worte 'clamore sublato' urteilen, welche nicht nur
häufig bei Livius sind, sondern auch durch die Ausdrucksweise anderer bezeugt sind: vgl. Pol. 1, 34, 2; 2, 29, 6;
App. Ib. 21 und 22. So ist Friedersdorfs Versuch (Prog.
Marienburg S. 6), den Coelius hier zu finden eben so verfehlt
wie die Urheberschaft dem Livius selbst zuzuschreiben.
Gellius, N. A. 1, 11, 9 giebt uns die richtige Erklärung:
Quid ille vult ardentissimus clamor militum Romanorum,
quem in congressibus proeliorum fieri solitum scriptores
annalium memoravere? Ob Gellius an alle Annalisten
oder nur an die von ihm citierten Fabius, Gellius, Piso,
Claudius und Antias dachte, lasse ich dahin gestellt, weil die
meisten von Livius' Quellen schon unter diesen erscheinen.
Unrichtig ist es auch, wenn Soltau (Prog. Zabern) die Worte
stipendio praeterito cum fide exsolvendo ungenauer als
Polybs Bericht (teils bezahlt, teils versprochen) findet; für
mich ist es genau genug, wenn man 'cum fide' bezahlt. Der
Versuch den Widerspruch mit Livius durch eine andere Über-

---

[1] vgl. dagegen Soltau, Prog. Zabern, 1894, S. 8.

setzung von ὄψωνα zu beseitigen[1]), ist völlig verkehrt; Lindauer
(De Polybii vocabulis militaribus, München, 1889, S. 21) hat die
Bedeutung ‚Sold‘ an zwei Stellen richtig erkannt, und wir
können viele andere Beispiele hinzufügen; wie Pol. 1, 66, 3; 5;
11: 67, 1; 68, 8; 69, 3: 8; 72, 6; 2, 7, 7: 4, 60, 2; 6, 15, 4; 11,
25, 9; 26, 4; und in der Einzahl 6, 39, 12; 13, 2, 3. Wir
müssen daher zugeben, dass Livius absichtlich von Polyb
abgewichen ist: kurz gesagt, dass er hier auch eine zweite
Quelle benutzt hat.

Die Namen Hermandica und Arbocala statt Ἑλμαντική
und Ἀρβουκάλη sollen beweisen, dass Livius den Polyb
indirekt benutzt hat[2].) Livius habe nämlich alle die
griechischen Namen aus Polyb unverändert übernommen;
der Vermittler Claudius dagegen habe alle mit den lateinischen vertauscht. Diese Hypothese gründet sich auf die
Behauptung, dass Livius den Polyb nur für Ereignisse
in Griechenland benutzt hat, in welchem Teil die Namen
genau übereinstimmen[3]). Ich muss zugeben, dass ich einen
solchen Beweis nicht verstehen kann. Denn was für einen
speciell lateinischen Namen für Athen oder Sparta sollten
die Annalisten gehabt haben, wenn andere Autoren auch nur
die griechischen Namen hatten? Natürlich für die in Italien
unbekannten Städte, welche Polyb meistenteils erwähnt hat,
wäre die Antwort noch schwieriger; oder vielleicht glaubt
Soltau, dass Livius Κελτοί, Ἴβηρες, Ἀργυρίππανή u. s. w. statt
Galli, Hispani und Arpi sagen musste, wenn er Polyb in diesen
Teilen seines Werkes benutzt hätte. Mit jenen bekannten
Städten Spaniens steht die Sache ebenso: es ist undenkbar,
dass Livius sie anders als mit den gewöhnlichen Namen
bezeichnen sollte. Wir haben gerade denselben Fall heutzutage, wenn man im Englischen, auch in Übersetzungen,
niemals München statt Munich oder Wien statt Vienna schreibt.
Viel schwieriger sind die Namen Cartala und Ἀλθαία

---

[1] vgl. Haakh und Kraz, Übers. Polyb.
[2] vgl. Soltau, Progr. Zabern, S. 7.
[3] vgl. Nissen, Krit. Untersuch. S. 74.

zu erklären. Luterbacher[1]) und Hesselbarth[2]) wollen den
Unterschied auf handschriftliche Verderbnis zurückführen;
wie, können sie jedoch nicht erklären, da Althaia bei Polyb
unzweifelhaft ist[3]) und die Textverderbnis bei Livius keineswegs auf diesen Namen hindeutet. Ganz falsch ist Weissenborn-
Müllers Identifikation mit der modernen Stadt Altéa, die auf
der Küste des Mittelmeeres nicht weit von Alicante liegt.[4])
Vielleicht wird es uns helfen, Liv. 40, 48, 1, wo die Stadt
Alce erwähnt ist, in Betracht zu ziehen. Hübner (Pauly-
Wissowa) will sie mit Alces (Antonin. Iter. S. 445, 5)
identificieren, obschon Livius 40, 49, 2 beweist, dass Alce,
eine Stadt der Keltiberer, nordöstlich von Ergavica lag,
während Alces sicher ziemlich weit südwestlich von derselben
Stadt sich befand. Daher vermute ich, dass die bei Livius
(40, 48—49) erwähnte Stadt ursprünglich Alte oder Altea
hiess, welcher Name durch den Einfluss des in späterer Zeit
bekannten Alces verändert wurde. Die Lage passt vortrefflich;
denn die Olkader wohnten in der Nähe der Carpetaner, und
zwar entweder nördlich oder östlich derselben, da es anders
unerklärlich wäre, dass sie nicht früher von den Karthagern
unterworfen wurden. So viel für den Namen und die Lage
der Stadt bei Polyb; für Livius hat der Codex Colbertinus statt Cartalam die Form Cartattam; aber wir sollten
nicht deswegen an Cartala zweifeln, da wir in Cartatta nur
eine Dittographie des ta finden, wodurch das Ausfallen des
l veranlasst wurde. So muss die Lesart der anderen guten
Handschrift (Mediceus) für uns massgebend sein, und es
erübrigt noch die Lage der Stadt Cartala zu finden, von
welcher wir so viel wissen, dass sie die Hauptstadt der
Olkader nicht gewesen sein kann. Erst vergegenwärtigen
wir uns die geschichtliche Überlieferung. Livius (21, 5, 2)
und Appian (Ib. 10) lassen Hannibal gleich nach Übernahme
des Obercommandos Krieg mit den Saguntinern anfangen.

[1]) a. a. O. S. 33.
[2]) a. a. O. S. 117.
[3]) vgl. Suidas unter Althaia und Steph. Byz. S. 62.
[4]) vgl. Hübner C. I. L. II, S. 483.

Dies ist sicher ein annalistischer Bericht und zwar schon älter als Coelius, der durch Benutzung des Silen die nordspanischen Feldzüge den Römern bekannt machte. Jetzt verstehen wir, warum diese bei Appian und in dem annalistischen Teil des Livius fehlen. Statt der Feldzüge in Nordspanien kannten die älteren Annalisten nur den Zug nach Sagunt, der im Gegensatz zu Polyb mit Vorkämpfen und Verwüstungen ausgestattet wurde. Daher müssen wir die Stadt Cartala in der Nähe von Sagunt suchen, wenn der Name aus der älteren Annalistik stammte; und gerade in dieser Gegend dachte Livius, dass Cartala lag; vgl. 21. 5, 3, in Olcadum prius fines — ultra Hiberum ea gens . . . erat induxit exercitum, ut non petisse Saguntinos, sed rerum serie finitimis domitis gentibus iungendoque tractus ad id bellum videri posset. Auch die Ähnlichkeiten dieser Feldzüge waren gross genug um eine Verwechselung zu veranlassen. Vergleichen wir beide bei Livius: nach Kapitel 5 führt Hannibal seine Armee nach Nordspanien, unterwirft drei Städte, siegt in einer grossen Schlacht und verwüstet das Land; nach Kapitel 7, 4 (Hannibal infesto exercitu ingressus fines pervastatis passim agris urbem tripertito adgreditur) führt er seine Armee nach Sagunt, verwüstet das Land und, nachdem er seine Truppen in drei Abteilungen geteilt hatte, zieht er alle wieder bei Sagunt zusammen. Nun ist, wie wir oben gezeigt haben, unwahrscheinlich, dass Hannibal das Land verwüstete, obschon die älteren Annalisten so berichtet haben. Warum musste er aber seine Armee in drei Corps teilen? Dochwohl um erst die bei Sagunt liegenden kleinen Städte zu unterwerfen, bevor er den Angriff auf die Hauptstadt führte; und gerade drei kleine Städte bei Sagunt erwähnt Strabo 3, 4, 6 (Σάγουντον κτίσμα Ζακυνθίων, ἣν Ἀννίβας κατασκάψας παρά τά συγκείμενα πρός Ῥωμαίους τόν δεύτερον αὐτοῖς ἐξῆψε πόλεμον πρός Καρχηδονίους. πλησίον δὲ πόλεις εἰσί Χερρόνησός τε καί Ὀλέαστρον καί Καρταλίας).

Dass Strabo eine römische Quelle hier benutzt hat, beweist die Form Σάγουντον, und die Bemerkung über Hannibal deutet auf einen geschichtlichen Gewährsmann. Wir dürfen vermuten,

dass Strabo einen griechisch schreibenden Historiker benutzt
haben wird und Fabius ist anderswo von ihm citiert; diese
Vermutung wird durch die hier erscheinende fabianische
Angabe (die Eroberung Sagunts sei die Ursache des Krieges)[1])
bestätigt. Nun hiess eine jener drei Städte Kartalias und
wir können mit ziemlicher Sicherheit schliessen, dass diese
mit Cartala identisch war. Gewiss aber war Livius nicht
der erste, welcher diese Verwechselung beging, weil schon
Coelius die Notwendigkeit empfunden haben muss, den Silen
mit der älteren Annalistik auszugleichen; doch eben weil er
den Silen benutzt hat, muss er auch die zwei nach Nordspanien geführten Feldzüge beibehalten haben; ja er hat
dabei Cartala mit Althaia verwechselt, da es anders unerklärlich ist, wie Livius Cartala schreiben konnte, wenn er
auch bei Coelius wie bei Polyb den richtigen Namen Althaia
gefunden hätte. Wenn diese Ereignisse bei Claudius oder
Antias standen, müssen sie ihre Kenntnis davon aus Coelius
bekommen haben; so bleiben für uns nur Polyb und Coelius
als nachweisbare Quellen in diesem Kapitel.

Um Zeit für diese zwei Feldzüge zu schaffen, soll Coelius
die Belagerung von Sagunt in das Jahr 218 verschoben haben,
wofür ein Beweis bei Cicero De Div. 1, 24, 49 (Coel. frg. 11,
Hannibalem, cum cepisset Saguntum, visum esse in somnis)
gefunden wird. Allein hier ist nichts über den Zug nach
Italien gesagt und die Zeitbestimmung, wenn sie nicht von
Cicero selbst herstammt, ist zu ungenau, um irgend etwas zu
beweisen; auch aus Coelius' annalistischer Quelle Cato[2])
sehen wir, dass diese Zeitverschiebung für Coelius unmöglich
war, da Cato (frg. 84. Cato in quarto originum: Deinde
duoetvicesimo anno post dimissum bellum, quod quattuor
et viginti annos fuit, Carthaginienses sextum de foedere
decessere) den Krieg 22 Jahre nach Beendigung des ersten
punischen Krieges anfangen liess, was mit der Addition der
2 spanischen Feldzüge aus Silen die Belagerung in das Jahr

---

[1]) vgl. Polyb. 3, 8, 1.
[2]) vgl. unten S. 113 n. 1 und 140.

217, nicht 218 verschieben würde.[1]) Um etwas genauer zu
prüfen, so sehen wir, dass Cato den ersten punischen Krieg
spät im Jahre 241 zu Ende kommen und danach den zweiten
spät im Jahre 219 anfangen liess. Vergleichen wir auch
Serv. z. Vergil. Aen. 10, 13 (Alpes) quae secundum Catonem
et Livium muri vice tuebantur Italiam, quas Hannibal post
bella Hispaniae, quae XVII annis confecit . . . Für Livius
passen die siebzehn garnicht, für Cato aber, dessen Origines
von Servius etwa 40 mal citiert sind, ziemlich gut. Hierdurch
ist es sicher, dass Cato die Belagerung Sagunts nicht ganz
in das Jahr 219 setzte, weil das 18 Jahre Krieg in Spanien
gegeben haben würde. Nun giebt Livius 21, 15, 5 gerade
diese Erklärung, obschon sie in Widerspruch mit seiner ganzen
Darstellung ist. Ohne Zweifel hat er sie aus Cato durch
Coelius bekommen und wir dürfen gar nicht an eine vermittelnde Erklärung von Livius selbst denken, wie die
meisten Editoren thun. Weiter wird durch die Beschränkung
der Kriege in Spanien auf 17 Jahre bewiesen, dass Cato auch
wie Livius und Coelius die Dauer des Söldnerkrieges zu
5 Jahren rechnete. Wie hat nun Coelius die Zeitangaben
bei Silen und Cato vereinigt? Livius 21, 4, 10 giebt die
Antwort: (Hannibal) triennio sub Hasdrubale imperatore
meruit.[2]) Diese Änderung war um so leichter, weil die
Annalisten den Hannibal unter Hasdrubal dienen liessen; vgl.
App. Iber. 6, doch ist die Zeit unbestimmt. Appian Iber. 13
beweist, dass er die Belagerung ganz in das Jahr 219 setzte;
so ist er von Cato und Coelius in diesem Falle wenigstens
unbeeinflusst. Dass seine Quelle nicht Fabius war, haben

---

[1]) Ganz falsch ist es, wenn Soltau (Liv. Geschichtswerk S. 64)
annimmt, dass Coelius die Belagerung in das Jahr 218 versetzt hat,
weil er 22 Jahre zwischen den zwei Kriegen rechnete. Das ist moderne Rechenkunst, nicht römische; vgl. Liv. 30, 44, 2: bellum initum
annis post tribus et viginti P. Cornelio Ti. Sempronio consulibus.
So muss die Belagerung 219 anfangen, wenn nur 22 Jahre vom
ersten bis zum zweiten Kriege gerechnet werden.

[2]) vgl. Soltau, III. Dekade S. 79; Liv. Geschichtswerk S. 64, der
aber nicht gesehen hat, woher Coelius diese Chronologie bekam.

wir schon gesehen, doch war sie alt und wenn wir daran
denken, dass Polyb gegen keine Zeitverschiebung polemisiert,
können wir ziemlich sicher sein, dass nur die späteren Annalisten die Belagerung ganz in das Jahr 218 versetzt haben.
Ob Livius diese Zeitrechnung aus Claudius oder aus Antias
bekommen hat, können wir hier nicht unterscheiden, und es
ist möglich, wenn nicht wahrscheinlich, dass beide den Fehler
hatten, da die Verschiebung nur der Versuch ist, die Chronologie wieder ins Reine zu bringen: zu diesem Zwecke hat
der Autor wahrscheinlich den Söldnerkrieg auf vier Jahre
gerechnet wie Diodor (vgl. 25, 6, vier Jahre vier Monate)
und musste auch die ganze Belagerung Sagunts statt der
Eroberung nur, wie bei Coelius und Cato, in das Jahr 218
setzen. Hiernach müssen Livius 21, 21, 9 und 22, 6 (die Reise
nach Gades im Winter 219—8) aus den älteren Annalisten
(Piso oder Fabius) stammen.

Wir haben eben ein Kapitel betrachtet, wo Polyb Hauptquelle war, aber als Nebenquelle wurde er auch benutzt;
vgl. Liv. 21, 16, 6 cum orbe terrarum bellum gerendum in
Italia ac pro moenibus Romanis esse mit Polyb 3, 16, 6
καὶ παρὰ τοῦτο συνέβη τὸν πόλεμον οὐκ ἐν Ἰβηρίᾳ, πρὸς αὐτῇ δὲ
τῇ Ῥώμῃ καὶ κατὰ πᾶσαν γενέσθαι τὴν Ἰταλίαν. In dieser im
Ganzen ziemlich frei gehaltenen Rede ist dieser Satz die
einzige Erinnerung an Polyb.

b. Das hannibalische Truppenverzeichnis.

Stern[1]) hat unwiderleglich bewiesen, dass dieses Kapitel
(Liv. 21, 21, 11 ff.) aus Polyb stammt, so ist die Arbeit für
uns hier leichter. Zuthaten von Livius können wir hier
kaum erwarten, weil die Zahlen von den Quellen des Livius
nur Polyb bot. Über den Volksnamen ‚Hergetum‘ bin ich
doch eher geneigt Peter[2]) beizustimmen, dass Ἀεργητῶν bei
Polyb zwar ein afrikanisches Volk bedeuten muss, aber dass
Livius den Namen missverstanden hatte oder korrigieren

----

1) Berliner Studien, 1891, S. 2 ff.
2) Livius und Polyb, S. 11.

wollte. Dies scheint mir viel besser als mit Stern den Text
zu ändern: auch der Zusatz ,ex Hispania' kann von Livius
herstammen; ebenso hat er (32, 37, 3) 'in Thessalia', 'in
Euboea' und 'in Achaia' zu Polybs Bericht (18, 11, 4) hinzugefügt; vgl. auch Liv. 32, 33, 6 mit Polyb 18, 2, 4, und
Liv. 33, 35, 8 mit Polyb 18, 48, 5.[1])

In den Zahlen giebt es fünf Verschiedenheiten; worin
drei sicher emendiert sind: quingentis nach Baliaribus (22,2),
quinquaginta nach quadringenti (22,3) und CCC equites statt
CC (22,3). Mit den zwei anderen Verbesserungen bin ich
nicht einverstanden; erstens wird die bei Polyb (3, 33, 11)
fehlende Zahl der Baliares aus Livius, 21, 21, 12 (octingentos
septuaginta) ergänzt. Aber die Zahl 870 ist an sich höchst
verdächtig und das Ausfallen von ωϛ an einer Stelle, wo viele
Zahlen vorkommen, kaum denkbar; einen Buchstaben hätte
ein Kopist vielleicht überspringen können, zwei aber musste
er als Zahl erkennen. Doch hat Livius ziemlich sicher 870
geschrieben, so bleibt nichts anders übrig als anzunehmen,
dass Livius eine schon verdorbene Zahl bei Polyb fand.
Dort war die ursprüngliche Lesart ω(= 800), die durch das
folgende ωϛ leicht in ωϛ ωϛ verändert wurde. Unser Polyb-
text aber stammt aus einer anderen Überlieferung, wo das
ω nach Βαλιαρεϊς ausgefallen ist, wofür die zwar flüchtige
Ähnlichkeit mit ϛ eine genügende Erklärung ist.

Die zweite Abweichung ist in der Zahl der Elefanten,
die bei Polyb als 21, bei Livius als 14 oder 24 überliefert ist.
Alle Editoren korrigieren den Livius nach Alschefskis Angabe,
dass XI über der Zahl im codex Colbertinus steht. Kürzlich
hat Luchs die Handschrift wieder verglichen und findet nur
Λ dort überschrieben. Dieser Buchstabe deutet auf einen
Vergleich mit Polyb in früherer Zeit und macht ziemlich
sicher, dass ΚΛ' nicht ΚΛ' ursprünglich dort stand. Jedenfalls
ist das IIII bei Livius sicher überliefert und Λ und Δ sind
so häufig verwechselt, dass man an einer solchen Verbesserung
keinen Anstoss nehmen kann. Auch giebt eine jüngere Liv.

---

[1]) dagegen Stern S. 35, der nur moderne Beispiele benutzt hat.

Handschrift (Lovel. 5) die Zahl XXIIII. Am Ende möchte ich auf die Umstellungen und Auslassungen bei Livius aufmerksam machen:[1]) auch wenn er sich an seine Quelle so eng anschliesst wie hier, hält er sich in der Wahl und der Reihenfolge des Stoffes ganz frei.

c. Der Traum Hannibals.

Zonaras 8. 22.	Cic. De Div. 1, 24. 49 Coelius frg. 11.	Liv. 21, 22. 6.	Val. Max. 1, 7, ext. 1.
καὶ ὄψις ὀνείρου ἐφάνη. ἔδοξε γάρ ποτε τοὺς θεοὺς ἐν ἐκκλησίᾳ καθημένους μεταπέμψασθαί τε αὐτὸν καὶ στρατεῦσαι ὅτι τάχιστα εἰς τὴν Ἰταλίαν προστάξαι καὶ λαβεῖν παρ' αὐτῶν τῆς ὁδοῦ ἡγεμόνα, καὶ ἀμετάστρεπτὶ ὑπ' αὐτοῦ κελευσθῆναι ἕπεσθαι· μεταστραφῆναι δὲ καὶ ἰδεῖν χειμῶνα μέγαν χωροῦντα καὶ δράκοντα αὐτῷ ἐπακολουθοῦντα ἀμήχανον, καὶ θυμιάσαι ἔρεσθαί τε τὸν ἀγωγὸν τί ταῦτα εἴεν· καὶ τὸν εἰπεῖν "ὦ Ἀρνίζα, ταῦτα συμπορθήσοντά σοι τὴν Ἰταλίαν ἔρχεται".	Hannibalem, cum cepisset Saguntum, *visum esse in somnis* a Iove in deorum concilium vocari; quo cum venisset, Iovem imperavisse, ut Italiae bellum inferret, ducemque ei unum e concilio datum, quo illum uentem cum exercitu progredi coepisse; tum ei ducem illum praecepisse, *ne respiceret*, illum autem id diutius facere non potuisse elatumque cupiditate respexisse; tum *visam beluam vastam et inmanem*, circumplicatam serpentibus, quacumque incederet, omnia *arbusta, virgulta,* tecta *pertertere* et eum admiratum *quaesisse* de deo, *quodnam illud esset* tale monstrum, et deum respondisse, *vastitatem esse Italiae*, praecepisseque ut *pergeret protinus*: quid retro atque a tergo fieret, ne laboraret.	Ibi fama est *in quiete visum ab eo iuvenem divina specie*, qui se ab Iove diceret ducem in Italiam Hannibali missum; proinde sequeretur neque nequam *a se deflecteret oculos*. pavidum primo nusquam circumspicientem aut *respicientem* secutum; deinde *cura ingenii humani*, cum quidnam id esset, quod respicere vetitus esset, agitaret animo, temperare oculis nequivisse; tum *vidisse post sese serpentem mira magnitudine* cum ingenti arborum ac *virgultorum strage ferri* ac *post insequi* cum fragore caeli nimbos tum, *quae moles ea* quidve prodigii *esset*, quaerentem audisse *vastitatem Italiae esse*; *pergeret porro ire* nec ultra inquireret sineretque fata in occulto esse.	existimavitque missum sibi ab Iove mortali specie excelsiorem iuvenem invadendae Italiae ducem, cuius monitu primo vestigia nullam in partem [deflexis] secutus oculis. pavidum primo nusquam mox humani ingenii prona voluntate vetita scrutandi pone respiciens animadvertit immensae magnitudinis serpentem concitato impetu omne, quidquid obvium fuerat, proterentem postque eam magno cum caeli fragore erumpentes nimbos lucemque caliginosis involutam tenebris, adtonitus deinde quidnam [id] esset monstri et quid portenderet interrogavit. hic dux 'Italiae vides' inquit 'vastitatem; proinde sile et cetera tacitis permitte fatis'.

Die bedeutenden Abweichungen des Zonaras von Coelius, wie des Valerius Maximus von Livius sind gesperrt, die Übereinstimmungen des Livius mit dem Coelius cursiv gedruckt. Im Allgemeinen betrachtet, können wir sagen, dass in der ersten Hälfte Zonaras mit Coelius, und Val. Max. mit Livius übereinstimmen; in der zweiten Hälfte aber zeigt ein genauerer Vergleich mehrere Verschiedenheiten. So fehlt χειμῶνα μέ-

---

[1]) vgl. Wölfflin, Liv. Einl. S. 18. Stern S. 32.

γαω χωρούντα bei Coelius, ist aber nicht eine Zuthat des
Cassius Dio, weil magno cum caeli fragore erumpentes nimbos
lucemque caliginosis involutam tenebris bei Val. Max. dasselbe
ist, obgleich in anderer Reihenfolge. Auch Livius (post
insequi cum fragore caeli nimbum) ist mit Val. Max. zu
vergleichen; doch ist er kaum die einzige Quelle gewesen.
Am Ende haben Zonaras und Val. Max. direkte Rede,
Coelius und Livius indirekte. Diese Erscheinung könnte
zufällig sein; die andere aber ist nicht so zu erklären: denn
entweder hat Cicero in dem Citate den Sturm ausgelassen,
was kaum denkbar ist, oder Cassius dafür eine zweite Quelle
benutzt.

Ungefähr dasselbe Verhältnis existiert zwischen Val.
Max. und Livius. Die auffallendste Verschiedenheit ist
adtonitus . . . interrogavit, wo Livius nur quaerentem hat;
Coelius aber admiratum quaesisse und Zonaras θαυμάσαι ἐρέσ-
θαι τε. Ob Valerius dieses Wort aus Cicero oder aus
dessen Quelle, Coelius, ergänzt hat, ist schwer zu sagen;
sicher ist nur, dass er ohne eine zweite Quelle das Richtige
nicht so gut treffen konnte. Ebenso ist 'quidnam esset
monstri' mit Coelius 'quodnam illud esset tale monstrum' zu
vergleichen, wo Livius durch 'quae moles ea . . . esset' nur
den Sinn wiedergiebt.

Nach Erledigung dieser beiden können wir jetzt Livius
und Coelius betrachten. Hier sind die Abweichungen viel
grösser, wie auch zu erwarten ist, da Livius gewöhnlich seine
Quellen freier benutzt hat.[1]) So ist vielleicht sineretque fata
in occulto esse nur eine weitere Ausführung zu quid retro
atque a tergo fieret, ne laboraret bei Coelius, aber unvereinbar
ist invenem . . . ab 'Iove missum bei Livius mit Coelius
a Iove in deorum concilium vocari: ferner noch ist die
Erwähnung des Sturms im Liv. nicht bei Coelius vorhanden
wie oben gezeigt. Um zu unterscheiden, ob Livius diese
Stellen selbst verändert oder aus einer anderen Quelle gezogen

[1]) Peter, Prog. Anclam S. 10, findet nur Coelius als Quelle hier;
so auch die meisten Untersucher.

hat, genügt kaum die Erscheinung derselben bei Val. Max.
und Zonaras, welche sie aus Livius hätten entnehmen können.
Lehrreicher ist der Vergleich mit Sil. Ital. 3, 163 ff., wo
nicht nur alle Abweichnngen, welche wir bemerkt haben,
vorkommen, sondern auch andere nachweisbar sind; vgl. v. 169
Cyllenius . . . portabat iussa parentis, v. 197 hiemem (vgl.
besonders Zonaras χειμῶνα), und v. 204 ff. die direkte Rede.
Haehnel[1]) hat schon bemerkt, dass Silen diesen Traum nach
dem Kriege geschrieben haben muss; aber es wird nicht
damit bewiesen, dass er denselben erfand. Hannibal hätte
sehr wohl solch einen Traum erzählen können um seine
Soldaten zu ermutigen; doch hätte er in diesem Falle sich
nicht mit der Verwüstung Italiens begnügt. Eine solche
ältere Version, zwar verstümmelt, finden wir bei Sil. Ital. 3,
182[2]) Victorem ante altae statuam te moenia Romae, v. 206
caedesque virum magnaeque ruinae Idaei generis lacri-
mosaque fata secuntur, und v. 213 convulsis prosternes op-
pida muris.

Dies ist jedenfalls mehr als eine Verwüstung und, was
die Hauptsache ist, total verschieden von den anderen erhaltenen
Berichten. Auch der Grund, warum Hannibal sich umdrehte,
ist bei Silius verschieden und um so triftiger und natürlicher;
vgl. v. 185 Cum subitus circa fragor et vibrata per auras
Exterrent saevis a tergo sibila linguis . . . turbatus lumina
flectit. Es liegt am Nächsten an Ennius als Quelle zu denken
und er konnte leicht durch Gefangene oder Überläufer Kunde
von Hannibals Traum erhalten haben, oder auch durch
Cincius, der als Gefangener in Hannibals Lager war. Merkur
als Bote konnte auch bei Ennius gestanden haben, in welchem
Falle die Annalisten den Namen ausgelassen haben werden,
als sie den Dichter ausbeuteten; dazu passen vortrefflich die
Worte iuvenem divina specie bei Livius, ein Ausdruck, der
ganz unerklärlich ist, wenn wir nicht an die Umschreibung
des Namens Merkur denken. Wölfflin-Luterbachers Verweis

---

[1]) Die Quellen des Nepos, S. 40.
[2]) Andere Ansicht bei Kerer, a. a. O. S. 28.

auf Liv. 21, 21, 9; 41, 7 (Hercules) könnte 'ducem' erklären, hilft aber nicht für 'iuvenem'.

Auf dieser Grundlage können wir die Quellen ziemlich sicher bestimmen. Livius hat die annalistische und die coelianische Version zusammengearbeitet[1]), doch so, dass der Anfang annalistisch, das Übrige grösstenteils coelianisch ist. Silius Italicus hat nicht nur Ennius und einen Annalisten kombiniert, sondern auch vieles aus Livius und Cicero bzw. Coelius gezogen[2]). Für Dio-Zonaras und Val. Max. sind die Quellen schon oben angedeutet[3]).

d. Der Marsch vom Ebro zu den Pyrenäen.

Nachdem Livius den Traum erzählt hat, kommt er auf Polybs Bericht des Marsches zurück, wobei er den Tadel des Polyb gegen Silen gelesen haben muss; doch wäre es zu viel zu erwarten, dass er eine interessante Traumgeschichte auslassen sollte, bloss weil Polyb sie nicht glaubte.

Polyb 3, 35, 1—6.

προῆγε, πεζῶν μὲν ἔχων εἰς ἐννέα μυριάδας, ἱππεῖς δὲ περὶ μυρίους καὶ διαχιλίους, καὶ διαβὰς τὸν Ἴβηρα ποταμὸν κατεστρέφετο τά τε τῶν Ἰλουργετῶν ἔθνος καὶ Βαργουσίων, ἔτι δὲ τοὺς Αἰρηνοσίους καὶ τοὺς Ἀνδοσίνους, μέχρι τῆς προσαγορευομένης Πυρήνης ... ἡγεμόνα μὲν ἐπὶ πάσης κατέλιπε τῆς ἐπὶ τάδε τοῦ ποταμοῦ χώρας Ἅννωνα, ... ἀπεμέρισε ... τῷ μὲν Ἅννωνι πεζοὺς μυρίους, ἱππεῖς δὲ χιλίους ... εἰς δὲ τὴν οἰκείαν ἀπέλυσε τοὺς ἴσους τοῖς προειρημένοις.

Liv. 21, 23, 1—4.

Hoc visu laetus tripertito Hiberum copias traiecit praemissis, qui Gallorum animos, qua traducendus exercitus erat, donis conciliarent Alpiumque transitus specularentur. nonaginta milia peditum, duodecim milia equitum Hiberum traduxit. Hergetes inde Bargusiosque et Ausetanos et Lacetaniam, quae subiecta Pyrenaeis montibus est, subegit, oraeque huic omni praefecit Hannonem. ut fauces, quae Hispanias Galliis iungunt, in potestate essent. decem milia

---

[1]) vgl. Wezel, a. a. O. S. 51.
[2]) vgl. Heynacher, a. a. O. S. 19; Bauer, a. a. O.
[3]) Andere Ansichten bei Posner, a. a. O.; Sturm S. 6; Böttcher S. 375; Vollmer S. 36 und Bujack, De Sileno scriptore Hann. Regimonti, 1859, S. 6.

peditum Hannoni ad prae-
sidium obtinendae regionis
data et mille equites. . . tria
milia inde Carpetanorum peditum
iter averterunt, . . . supra septem
milia hominum domos remisit.

Die Übereinstimmungen sind so deutlich, dass wir sie
nicht zu erklären brauchen. Betrachten wir aber die Abweichungen; tripertito ist gewöhnlich als Livius' eigene
Ausschmückung angesehen worden; kaum aber mit Recht,
da die Schwierigkeit, eine Armee von mehr als 100000 Mann
zu verproviantieren, die auf ihrem raschen Vordringen sehr
wenig mitnehmen konnte, und der Wunsch, das Land so
schnell wie möglich zu erobern, eine Teilung der Armee
unvermeidlich machen mussten[1]). Dass Hannibal gerade drei
Teile machte, können wir nur durch das Zeugnis des Livius
beweisen, der nämlich das Wort 'tripertito' sehr selten gebraucht hat; so stammt es wahrscheinlich jedesmal aus der
Quelle, wie wir oben (S. 72) für Kapitel 7 schon bewiesen
haben.

Das folgende praemissis . . . specularentur stimmt genau
mit Appian Ib. 13 Γαλάταις τε διεπρεσβεύετο, καὶ τὰς διόδους
τῶν Ἀλπίων ὀρῶν κατεσκέπτετο. Da kein ähnlicher Ausdruck
bei den anderen Benutzern der Epitome Livii vorkommt,
sind wir genötigt dies der annalistischen Quelle Appians zuzuschreiben, die auch als Vorlage für Livius gedient hat.
Ut fauces . . . . essent bei Livius ist eine notwendige Ergänzung zu Polyb; aber eben deswegen dürfen wir es nicht
dem Livius selbst zuschreiben. Schon im Jahre 218 be-
merkte Scipio Hannibals Absicht und schickte seinen Bruder
nach Spanien, um die Sendung von Verstärkungen zu hindern.
Da dieser Zweck der Sendung von römischen Truppen nach
Spanien den älteren Geschichtsschreibern wohl bekannt war,
scheint es merkwürdig, dass die Gründe, warum Hannibal die Pässe besetzte, nicht bei Polyb erscheinen. Die

[1]) vgl. Dodge, Hannibal S. 174; Fuchs, Der zweite punische
Krieg. Wiener-Neustadt, 1894, S. 55 ff.

römischen Quellen, besonders Coelius, werden sie wohl gehabt haben[1]).

Auch die Zahl der zurückgeschickten bezw. entlaufenen Soldaten giebt Livius genauer als Polyb: die Erzählung ist jedoch so verwandt, dass wir eine gemeinschaftliche Quelle annehmen dürfen. Diese kann nur Silen gewesen sein, den Livius durch Coelius kannte. Die Ausdrucksweise Polybs bedeutet genau genommen, dass 10000 F. und 1000 R. zurückgeschickt wurden; um diesen Fehler zu vermeiden wäre vielleicht 'πεζοῖς' nach 'προειρημένοις' zu ergänzen.

Wir haben noch die Völker zu besprechen; beide Autoren geben vier in derselben Reihenfolge, doch die zwei letzten abweichend. Wir dürfen daraus schliessen, dass Livius den Polyb absichtlich verändert hat, wozu passt, dass er 'Ilergetes' statt Polyb's 'Ἰλουργητῶν' geschrieben hat. Er will die den Römern bekannten Namen geben; so führt uns alles darauf hin, die zwei letzten Völker zu identificieren und doch ist keine Spur von Ähnlichkeit zwischen ihren Namen bei Polyb und bei Livius. Daher können wir nicht an eine Textverderbnis bei Polyb denken, obschon nur die Namen, die bei Livius stehen, in späterer Zeit bekannt sind. Andosinoi ist von Hübner (Pauly-Wissowa) in folgender Weise erklärt: "Der Name scheint keltischen Ursprungs, da Andosi und Andoses der Name einer aquitanischen Völkerschaft ist, die einen Hercules Andossus verehrte; wenn nicht auch dort der Name vielmehr iberischen Ursprungs ist." Seine erste Vermutung ist die richtige, weil die Völkerbewegung durchaus in jener Richtung sich vollzog, wofür die spanischen Völker, Keltiberer, Celtici und Arotrebae-Celtici Beispiele sind. Hier waren die Namen nicht vereint, sondern, nachdem das fremde Volk durch Hannibal vernichtet war, kam die ursprüngliche Bevölkerung wieder zum Vorschein, und ihr Name wurde nachher allein benutzt. Nach der Reihenfolge sollten wir die Andosinoi mit den Lacetanern identificieren, womit stimmt, dass nach beiden

---

[1] vgl. unten S. 106.

Autoren ihr Wohnsitz dicht an den Pyrenäen sich befindet. Den Namen Airenosioi müssen wir in derselben Weise erklären, obwohl wir gar nichts über ihn wissen. Wahrscheinlich hatten alle römischen Quellen die richtigen Namen; so kann Livius auch diese Korrektur aus Coelius oder der Quelle Appians gezogen haben und die Annahme einer vierten Quelle ist hier nicht nötig.

In der Truppenzahl stimmt App. Hann. 4 mit Polyb, ja sogar die 37 Elefanten, deren Polyb erst beim Übergang der Rhône (3, 42, 11) erwähnt. Appian giebt diese Zahl gelegentlich des Übergangs über die Pyrenäen, so kann er den Polyb kaum offen vor sich gehabt haben, sondern dies nur aus der Erinnerung wiedergegeben haben[1]).

c. Der gallische Aufstand.

Pol. 3,40, 6—13.

Πλακεντίαν . . . Κρεμώνην, ἤδη δὲ τούτων συνῳκισμένων, οἱ Βοῖοι καλούμενοι Γαλάται, πάλαι μὲν οἷον λοχῶντες τὴν πρὸς Ῥωμαίους φιλίαν, οὐκ ἔχοντες δὲ τότε καιρόν, μετεωριζόμενοι καὶ πιστεύοντες ἐκ τῶν διαπεμπομένων τῇ παρουσίᾳ τῶν Καρχηδονίων, ἀπέστησαν ἀπὸ Ῥωμαίων, ἐγκαταλιπόντες τοὺς ὁμήρους, οὓς ἔδοσαν ἐκβαίνοντες ἐκ τοῦ πολέμου τοῦ προγεγονότος, . . . παρακαλέσαντες δὲ τοὺς Ἴνσομβρας, καὶ συμφρονήσαντες κατὰ τὴν προγεγενημένην ὀργήν. κατέσυραν τὴν κατακεκληρουχημένην χώραν ὑπὸ Ῥωμαίων, καὶ τοὺς φεύγοντας συνδιώξαντες εἰς Μοτίνην, ἀποικίαν ὑπάρχουσαν Ῥωμαίων, ἐπολιόρκουν. ἐν οἷς καὶ τρεῖς ἄνδρας τῶν ἐπιφανῶν συνέκλεισαν τοὺς ἐπὶ τὴν διαίρεσιν τῆς χώρας ἀπεσταλμένους· ὧν εἷς μὲν ἦν Γάιος

Liv. 21, 25, 1—13.

Hiberum transisse Hannibalem.. perlatum erat, cum, perinde ac si Alpis iam transisset, Boi sollicitatis Insubribus defecerunt, nec tam ob veteres in populum Romanum iras, quam quod nuper circa Padum Placentiam Cremonamque colonias in agrum Gallicum deductas aegre patiebantur, itaque armis repente arreptis in eum ipsum agrum impetu facto tantum terroris ac tumultus fecerunt, ut non agrestis modo multitudo, sed ipsi triumviri Romani, qui ad agrum venerant adsignandum, diffisi Placentiae moenibus Mutinam confugerint, C. Lutatius C. Servilius M. Annius. Lutati nomen haud dubium est: pro Annio Servilioque M' Acilium et C. Herennium habent quidam annales, alii P. Cornelium

[1]) vgl. Hesselbarth S. 277.

Ἀετάτιος καὶ τὴν ὕπατον ἀρχὴν
εἰληφώς, οἱ δὲ δύο τὴν ἐξαπέλεξεν.
οἰομένων δὲ δεῖν τούτων εἰς λόγους
σφίσι συνελθεῖν, ἐπήκουσαν οἱ Βοῖοι,
τῶν δ' ἀνδρῶν ἐξελθόντων, παρα-
σπονδήσαντες συνέλαβον αὐτούς, ἐλπίσαντες διὰ τούτων
κομιεῖσθαι τοὺς αὑτῶν ὁμήρους. Λεύκιος δὲ Μάλιος ἐξα-
πέλεκυς ὑπάρχων, καὶ προκαθή-
μενος ἐπὶ τῶν τόπων μετὰ δυνάμεως.
ἀκούσας τὸ γεγονός. ἐβοήθει
κατὰ σπουδήν. οἱ δὲ Βοῖοι συνέν-
τες αὐτοῦ τὴν παρουσίαν. ἔν τισι
δρυμοῖς ἑτοιμάσαντες ἐνέδρας, ἅμα
τῷ παρελθεῖν εἰς τοὺς ὑλώδεις τόπους πανταχόθεν ἅμα προσπεσόντες
πολλοὺς ἀπέκτειναν τῶν Ῥωμαίων. οἱ δὲ λοιποὶ τὰς μὲν ἀρχὰς
ὥρμησαν πρὸς φυγήν. ἐπεὶ δὲ τῶν
ψιλῶν ἥψαντο χωρίων, ἐπὶ
ποσὸν συνέστησαν οὕτως. ὥστε μόλις
εὐσχήμονα ποιήσασθαι τὴν ἀποχώ-
ρησιν. οἱ δὲ Βοῖοι κατακολουθήσαντες
συνέκλεισαν καὶ τούτους εἰς τὴν
Τάννητος καλουμένην κώμην.

Asinam et C. Papirium Masonem
... § 6. Mutinae cum obside-
rentur ... simulari coeptum de
pace agi, evocatique ab Gallorum
principibus legati ad colloquium
... violata .... fide com-
prehenduntur, negantibus
Gallis, nisi obsides sibi red-
derentur, eos dimissuros,
cum haec de legatis nuntiata
essent et Mutina praesidiumque
in periculo esset. L. Manlius
praetor ira accensus effusum
agmen ad Mutinam ducit, sil-
vae tunc circa viam erant ple-
risque incultis. ibi inexplorato
profectus in insidias praecipita-
tur multaque cum caede su-
orum aegre in apertos cam-
pos emersit ... § 13 inde
apertis locis facile tutantes agmen Romani Tannetum, vicum
propinquum Pado, contendere.

Böttcher (S. 380) hat die Abweichungen, Peter (Liv. u.
Polyb. S. 12) die Übereinstimmungen nachgezählt, der eine
um zu beweisen, dass Polyb gar nicht benutzt ist, der andere,
dass Polyb die Hauptquelle war. Beide unglücklichen Versuche
lehren uns klar und deutlich, dass Livius' Bericht nur als das
Produkt einer flüchtigen Kombination zu erklären ist. Da die
Ähnlichkeiten gesperrt gedruckt sind, genügt es hier auf
einige Phrasen aufmerksam zu machen, wo Livius Polybs
eigene Gedanken wiedergiebt. So 'perinde ac si Alpis iam
transisset' ist nicht ein natürlicher Teil der Beschreibung,
sondern eine Wiederholung von 'πιστεύοντες ἐκ τῶν διαπεμπομένων
τῇ παρουσίᾳ τῶν Καρχηδονίων'. Ebenso ist 'qui ad agrum
venerat adsignandum' sicher dem 'τοὺς ἐπὶ τὴν διαίρεσιν τῆς
χώρας ἀπεσταλμένους' entlehnt, weil die Römer, welche die
Pflichten der 'triumviri coloniae deducendae' wohl kannten,

eine solche Erklärung nicht brauchten. Vgl. auch 'multaque cum caede' mit 'πολλούς άπέκτεινον': der Ausdruck ist für Livius kaum passend, da er gleich nachher die kleine Zahl von 500 oder 600 (die Zahl ist verdorben, muss aber eine von diesen sein) angiebt. Auch die Thatsache, dass Livius nur über den einen Triumvirn, dessen Name bei Polyb steht, sicher ist, sollten wir mitzählen, wie Peter schon bemerkt hat.

Bevor wir diese Stelle weiter untersuchen, ist es leider nötig, die römische Chronologie etwas zu betrachten. Nach der alten Ansicht war in dem römischen Kalender eine Zeitverschiebung von etwa zwei Monaten schon am Anfang des zweiten punischen Krieges vorhanden. Danach fiel der Amtsantritt der Konsuln (nach dem Kalender auf den 15. März) in Wirklichkeit anfangs Januar. Jetzt sind wir viel gescheiter geworden: Matzat[1]) hat diese Verschiebung bis zu sechs Monaten erhöht; Soltau[2]) dagegen findet gar keine, während Holzapfel[3]) einen Monat zugiebt. Die Ursache dieser Verwirrung liegt in der spitzfindigen Behandlung von Prodigien, um eine Theorie zu stützen. Es ist schon längst bekannt, dass die zahlreichen Prodigien, welche bei Livius, Obsequens und Zonaras zusammengegeben sind, nicht zu derselben Zeit bemerkt oder gemeldet sein konnten.[4]) Solche Ereignisse für ein ganzes Jahr sind oft zusammengetragen und an geeignete Stelle gesetzt. Gewöhnlich stehen sie am Anfang des Jahres, doch oft, durch priesterlichen Einfluss verschoben, finden sie Platz kurz vor einer unglücklichen Schlacht.

Aus dieser tendenziösen zeitlichen Festlegung solcher Prodigien bei Livius Schlüsse auf die Chronologie und den Kalender zu ziehen ist also unmöglich, besonders wenn sie in Widerspruch mit den genauen Angaben Polybs sind. Solch einen Fall haben wir in dem Winter 218/17; die Schlacht

---

[1]) Röm. Zeitrechnung. Berlin, 1889.
[2]) Röm. Chronologie, 1889.
[3]) Röm. Chronologie. Leipzig, 1885.
[4]) vgl. Nitzsch, Sybels Hist. Zeit. 1864, Band 11, S. 12 und Luterbacher, Prodigienglaube.

an der Trebia fiel etwa auf den 20. Dezember, (Polyb 3, 72, 3;
Liv. 21, 54, 7) doch giebt Polyb (3, 70, 7) unter den Gründen,
warum Sempronius gleich die Schlacht geliefert hat, folgendes:
'μήτε τοὺς ἐπικαθεστραμένους στρατηγοὺς φθάσαι παραλαβόντας τὴν
ἀρχήν · οὗτος γάρ ἦν ὁ χρόνος'. Die Konsuln waren längst
gewählt und ihr Amtsantritt war sehr nahe; d. h. die Winter-
sonnenwende (20. Dez.) und der 15. März (römischer Kalender)
sind damals wenigstens nicht sehr weit von einander gewesen,
wofür eine Zeitverschiebung von etwa 2½ Monaten nötig
ist.[1] Ebenso unzweifelhaft sind die Zeitverhältnisse des
nächsten Frühlings; nach beiden, Polyb und Livius[2]), bricht
Hannibal so früh wie möglich auf und kommt mit der grössten
Schwierigkeit nach Etrurien. Ob man die Sümpfe endlich
findet oder nicht, immer bleibt es nötig, eine besondere
Frühlingsüberschwemmung anzunehmen. Alles dies muss
spätestens Ende März geschehen sein: doch sind beide
Konsuln mit den Legionen schon in ihren Stellungen. Die
Schlacht wird möglichst bald geliefert; auch Servilius' Kavallerie
ist nicht zeitig genug zu Hilfe gekommen, und doch giebt
Ovid. Fasti 6, 763 den 23. Juni als Tag der Schlacht beim
lacus Trasimenus an. Die Zeitverschiebung muss auch nach
dieser Stelle mehr als zwei Monate betragen haben. Eine
kürzere anzunehmen macht eine längere Verzögerung des
Hannibal in Etrurien nötig, wobei es unerklärt bleibt, warum
Sempronius nicht Zeit hatte, sich mit Flaminius zu vereinigen.

Mit dieser Voraussetzung betrachten wir die oft citierte
Stelle Ascon. in Pis. 3: Vides enim in annalibus eorum, qui
Punicum bellum secundum scripserunt, tradi Placentiam coloniam
deductam pridie Kal. Ian. primo anno eius belli [P.] Cornelio
Scipione . . . Ti. Sempronio Longo Coss. . . . Placentiam

[1] Liv. 21, 57 (Sempronius' Reise nach Rom um die Konsuln-
wahl zu halten) ist ohnehin ganz unmöglich und braucht nicht in
Betracht gezogen zu werden. Für andere Meinung vgl. Seeck, Hermes VIII S. 154; Mommsen, Röm. Forsch. II 354.

[2] Liv. 22, 2, 1 (Sempronius noch in Rom während Hannibals
Marsch nach Etrurien) ist in Widerspruch mit seiner ganzen Darstellung.

autem sex milia hominum novi coloni deducti sunt, in quibus
equites [ducenti]. Deducendi fuit causa, ut opponerentur
Gallis, qui eam partem Italiae tenebant. Deduxerunt III
viri P. Cornelius Asina, P. Papirius Maso, Cn. Cornelius
Scipio. Statt Kal. Ian. hat Madwig Kal. Iun. geschrieben;
aber diese Änderung scheint mir noch grössere Schwierigkeiten zu bieten als das Überlieferte. Denn Liv. Per. 20
erzählt die Gründung der Kolonien im Jahre vor dem Kriege;
Polyb (3, 40, 4) dagegen stellt sie spät ins Jahr 218; wenn
wir ihn wörtlich nehmen in das Ende des Juni oder später.
Die Kolonisten werden damals zu derselben Zeit mit den
Legionen einberufen und dies soll die Zeit sein, als Hannibal
bei den Pyrenäen stand (Pol. 3, 40, 1); d. h. frühestens im
Juni; zu derselben Zeit kommen die Gesandten von Karthago
zurück und Hannibals Ebroübergang wird in Rom gemeldet.
Nehmen wir mit Polyb und Livius 5 Monate für den ganzen
Marsch, so ist Hannibal nicht vor dem 15. Mai von Neu-
Karthago abmarschiert; daher kann er nicht vor dem ersten
Juni den Ebro überschritten haben, und die Nachricht davon
kommt wesentlich später nach Rom. Aber nach dieser Zeit
sollen die Kolonisten 30 Tage Frist haben, bevor sie sich in
den Kolonien einfinden müssen. Wenn wir die polybianische
„Gleichzeitigkeit" nicht allzusehr pressen, können wir vielleicht sagen, dass die Kolonien nach ihm etwa zwischen dem
ersten und fünfzehnten Juli gegründet sind. Jedenfalls stimmt
die Zeit nicht mit Madvigs Conjectur. Auch muss man an
die Kalenderverwirrung denken, wonach der erste Juni
(Kalender) etwa in den März fallen würde, eine für Kolonie-
gründung unmögliche Zeit. Wir sind aber mit den Schwierigkeiten nicht zu Ende; einer der Triumvirn war Cn. Cornelius
Scipio, der seines Bruders Legat im Jahre 218 war und nach
Spanien ging. Es ist unmöglich, dass er von der halbge-
gründeten Kolonie zurückgerufen wurde, um mit seinem
Bruder zu dienen. Wir müssen dann annehmen, dass Placentia
schon im Jahre 219 gegründet war und dass Polyb die Zeit
für Cremona angiebt, dessen Gründung, wie wir aus Tacitus
(Hist. 3, 34, 1) wissen, ins Jahr 218 fiel. In diesem Fehler

ist Livius dem Polyb teilweise gefolgt, indem er immer die
zwei Kolonien zusammen nimmt; er hat aber nach anderen
Quellen die Gründungszeit von Placentia für beide Städte
angegeben. Vielleicht waren die zwei Kolonien zusammen
beschlossen und Cremona erst später ausgeführt; (man vergleiche Polyb 3, 40, 3 ὥ (lies αἳ) δὴ πρότερον ἦσαν εἰς Γαλατίαν
ἀποστέλλειν προκεχειρισμένοι, als Beweis dafür, dass sie schon
früher bewilligt waren). Hiermit haben wir die Erklärung
für die Asconiusstelle gewonnen; er fand in seiner Quelle
'pridie Kal. Ian. primo anno belli' als Gründungszeit Placentias;
die Konsuln hat er selbst hinzugefügt, indem er nach anderer
Ansicht den Kriegsanfang in das Jahr 218 stellte. Nun
haben wir oben gesehen, dass Cato sicher und Coelius wahrscheinlich den Anfang des Krieges ins Jahr 219 setzten; aber
wir brauchen nicht gerade an einen von diesen beiden als
Asconius' Quelle zu denken, da auch andere dem Cato sicher
gefolgt sind; so vielleicht der von Asconius (in Cor. § 76)
citierte Sempronius Tuditanus, dessen Zusammenhang mit
Cato Dionys. Hal. (1, 11, 13) erwähnt. Aber Asconius hat
auch den Antias citiert (in Pis. 13; in Cor. 69) und es fragt
sich, ob dieser jene Chronologie hatte. Weil Asconius von
mehreren Quellen spricht und an anderen Stellen alle seine
Hilfsmittel durchaus sorgfältig benutzt zu haben scheint,[1])
bin ich geneigt diesen Schluss zu ziehen. Das wäre für
unsere Untersuchung recht wichtig, wenn es unzweifelhaft
wäre, da es bloss den Claudius von Livius' bekannten Quellen
übrig lassen würde, der die Belagerung Sagunts ganz in das
Jahr 218 verlegen konnte. Diese Annahme ist um so mehr
zu empfehlen, da die Zeitrechnung bei Cato die natürlichste
war; er war nämlich nur durch die Kalenderverschiebung
irre geführt, wonach die Eroberung Sagunts, die etwa am
1. Dez. (Sonnenzeit) stattfand, in den Monat Februar fallen
musste; die Nachricht davon, auch wenn alles möglichst rasch
ging, konnte erst im Jahre 218 in Rom bekannt werden.

Es bleibt noch eine Schwierigkeit in der Asconiusstelle:

---

[1]) vgl. die vortreffliche Dissertation von Lichtenfeldt. De Q. As-
conii Pediani fontibus. Breslau. 1888.

genau genommen sagt er, dass die Kolonie erst Ende des
Jahres 218 ausgeführt wurde, wie auch Matzat unter Einfluss
einer sechsmonatlichen Zeitverschiebung verstanden hat. Es
ist aber fraglich, ob wir solche geschichtliche Unkenntnis
dem Asconius zuschreiben dürfen. Wer dazu nicht geneigt
ist, wird vielleicht die Erklärung billigen, dass Asconius den
Amtsantritt bezw. den Anfang des Jahres auf den 1. Januar
(nach 601 A. U. C. regelmässig so) dachte, wobei die Verbesserung postridie statt pridie natürlich folgen würde.

Betrachten wir nun die Triumvirn; Asina, Maso und
Scipio sind sicher für Placentia, Lutatius, Servilius und
Annius für Cremona[1]), aber merkwürdig ist, dass Livius
'diffisi Placentiae moenibus' sagt, als ob die gefangenen
Triumvirn (Lutatius, Servilius, Annius) eher zu dieser Stadt
gehörten.[2] So kann Antias geschrieben haben, (nämlich dass
die Triumvirn von Placentia, Asina, Maso, Scipio, von den
Galliern gefangen wurden) der in diesem Falle Quelle für die
Namen Asina und Maso bei Livius und Asconius sein würde.
Die 'legati' an derselben Stelle will Soltau mit M' Acilius
und C. Herennius identificieren. Das scheint mir etwas über-
eilt, wenn er den Ursprung der Namen nicht nachweisen
kann; besonders weil der Name Herennius als römisch für
jene Zeit nicht nachweisbar ist. Doch liegt die Erklärung
nahe; Livius, 37, 46, 9 erzählt, wie 6000 andere Kolonisten
nach Placentia und Cremona geführt wurden, welche drei
Triumvirn auf die zwei Städte verteilten. Hier haben wir
den Anlass zu Polybs und Livius' Fehler, wonach nur ein
Triumvirat für beide Kolonien diente. Aber wir finden noch
mehr hier; der erste Triumvir hiess M. Atilius Serranus. Es
ist klar, dass unser M'. Acilius bloss ein Schreibfehler für
M. Atilius ist; ja wir dürfen auch das 'cognomen' Serranus
als Vorlage für den zweiten zweifelhaften Triumvir C. Herennius
benutzen; wir müssen aber eine griechische Quelle annehmen,
wo in Majuskeln Serranus leicht in C ΕΡΡΑΝΟC geteilt sein

---

1) vgl. Soltau Prog. Zabern, 1894, S. 16.
2) vgl. Livius 30, 19, 7, dass die Triumvirn von Cremona Lutatius und Servilius wirklich gefangen wurden.

könnte, das von einem Übersetzer in den campanischen Namen C. Herennius korrigiert worden wäre. Wir haben dadurch dieselbe Quelle (Claudius aus Acilius) wie Soltau gefunden und dabei festgestellt, dass sie mit den Legaten nichts zu thun haben. Claudius hat diese zwei Namen mit Lutatius verbunden als Triumvirn für beide Kolonien. Dies könnte Soltau vielleicht als Beweis benutzen, dass Claudius den Polyb mit Acilius verbunden hat; doch würde dies deshalb unrichtig sein, weil die Erwähnung des ersten Triumvirn allein häufig war und Claudius den bekannten Namen Lutatius sehr wohl anderswo gefunden haben kann.

Die drei von Livius erst genannten Triumvirn hat Soltau für Piso in Anspruch genommen, wahrscheinlich mit Recht; jedenfalls haben wir die ältere annalistische Tradition, ob wir Piso oder Fabius oder beide hier sehen, darin zu erblicken. Forschen wir nun nach den Legaten, welche möglicherweise auch auf einer Verwechselung beruhen. Aus Polyb 2, 19, 9 erfahren wir die Ermordung römischer Legaten durch die Gallier(Senones), die Besiegung der letzteren und die Gründung der ersten gallischen Kolonie in ihrem Lande. Orosius, 3, 22, 12, Appian. ἐκ τῆς Σαυνιτ. 6, und Liv. Per. 11 erwähnen dasselbe, doch alle ohne die Namen der Legaten zu nennen. Vielleicht hatten die Namen dieser legati auch dazu beigetragen, dass die Stellung der Ermordeten als legati auch auf den späteren Fall übertragen wurde; aber ohne die Mitwirkung der Namen war die Verwechselung sehr leicht möglich; denn die Gallier und eine römische Kolonie, kamen in beiden Fällen in Betracht. Als Quelle haben wir nur Coelius übrig gelassen und dieser Versuch, die Bosheit der Gegner zu erhöhen, passt für ihn vortrefflich. Er muss auch den Namen Lutatius gegeben haben und ebenso wahrscheinlich den des Servilius und Annius. Weil nun Lutatius in den anderen Quellen angegeben war, dürfen wir wohl zugeben, dass Livius den Scipio als Triumvirn bei Antias fand, wie sein Vorkommen bei Asconius andeutet; dann musste er diesen Namen als falsch betrachten, weil er wusste, dass Scipio von seinem Bruder nach Spanien geschickt wurde.

Nun können wir die Quellen für die anderen Teile des
Kapitels (21, 25) etwas genauer bestimmen. § 11 und 12
sind längst wegen 'sex signa ademere' dem Antias zuerkannt;
so muss § 10, die Verlustangabe für die erste Schlacht dem
Coelius oder der älteren annalistischen Tradition angehören,
obwohl es möglich ist, dass Antias zu der einen Schlacht
eine zweite hinzuerfand, wie er sicher die Verlustangaben
der zweiten Schlacht erdichtet hat. § 6 und 7 sind grösstenteils aus Coelius, obschon Polybs Einfluss erkennbar bleibt.
Das Übrige ist aus Polyb mit Ausnahme einiger Zusätze in
§ 3, die dem Antias zu verdanken sind.

Wir finden daher in diesem kurzen Kapitel drei Haupt-
quellen, Polyb, Coelius, Antias und neben diesen Notizen
aus Claudius und Piso oder Fabius.

f. Der Rhône-Übergang.

Bevor wir Livius und Polyb vergleichen, ist es nötig
über einige sachliche Punkte die Wahrheit festzustellen. Bekanntlich waren beide, Polyb[1]) und Coelius[2]), von Sympathie
mit den Scipionen beeinflusst und, wenn wir eine Entstellung
der Thatsachen in ihrem Interesse hier entdecken können,
müssen wir sie auf diese Tendenz zurückführen. Es handelt
sich um Scipios tapferes Auftreten gegen Hannibal an der
Rhône und die folgenden Operationen in Spanien; doch
können wir die Sache est dann beurteilen, nachdem wir erfahren haben, wie gross Scipios Armee war. Livius 21, 17, 2
giebt sechs Legionen für das Jahr 218, 2 für Scipio und
Spanien, 2 für Sempronius und Africa und (§ 9) 2 für Gallia
cisalpina an. Polyb (3, 40, 14) nennt nur eine Legion (die
vierte) als in Gallia cisalpina stehend und es ist durchaus
unstatthaft, diesen Widerspruch wegzudisputieren, da Polyb
noch zwei Legionen (§ 14, τὰ μὲν τῷ Ποπλίῳ προκεχειρισμένα
στρατόπεδα), Livius (21, 26, 2) aber nur eine Legion dorthin
schickt; so haben wir in beiden Fällen drei Legionen in

[1]) vgl. oben S. 56.
[2]) vgl. Coelius, Frg. 1.

Gallien. Wir müssen dann annehmen, dass erst eine Legion
Scipios vielleicht beim Empfang der Nachricht von Hannibals
Ebroübergang nach Gallien geschickt wurde und dass nachher beim Aufstande der Gallier Scipio noch eine Legion
senden musste[1]). Bei dieser Erklärung besteht Polybs Fehler
nur darin, dass er zwei Truppen-Sendungen, die beinahe
gleichzeitig waren, vereint und, was wichtiger ist, die Aus-
hebung einer neuen Legion für Scipio übersprungen hat;
Livius dagegen zählt diese neue Legion zweimal, indem er
die Zahl der Legionen für das ganze Jahr vorausschickt, als
ob alle gleich im Frühling beschlossen wären. Dass beide
Legionen Scipios nach Gallien geschickt wurden, beweist auch
Liv. 21, 63, 15 (duabus legionibus a C. Atilio praetore ac-
ceptis);[2]) demgemäss hat Atilius das Kommando der nach
Gallien geführten Legionen nach Scipios Verwundung wieder
bekommen, während Manlius nur seine ursprüngliche Legion
behielt. Eben so schlagend ist Liv. 21, 26, 2 (abscesserant
enim metu hostes); sicherlich hätten die Gallier eine Legion
nicht gefürchtet, nachdem sie zwei besiegt und eingeschlossen
hatten. Diese erste Legion in Gallien aber ist nicht eine
der in diesem Jahre ausgehobenen, weil Polyb sie 'τέταρτον'
genannt hat. Nun wissen wir durch die Zusammenstellungen
von Gessler[3]) und Schemann[4]), dass die vier ersten Legionen
immer den Konsuln zufielen und zwar, dass die erste und
dritte, die zweite und vierte, vereint wurden. Die einzige
Erklärung hier ist, dass Polybs vierte Legion die vierte des
vorigen Jahres war, welche mit dem Bau der Kolonien beschäftigt in Gallien blieb und deren Nummer von Polyb
vielleicht unrichtig beibehalten wurde.

So haben wir nur eine Legion, die neuausgehobene, für
Scipios spanische Expedition übrig gelassen, und das muss
trotz Livius richtig sein, wie App. Ib. 14 beweist, wo die

---

[1]) Andere Ansicht bei Vielhaber, Livianische Syntax, Prog.
Wien, 1871, S. 25.
[2]) vgl. Wölflin-Luterbacher, Liv. z. St.
[3]) De legionum Romanarum apud Livium numeris. Berlin, 1864.
[4]) De legionum per alterum bellum Punicum historia. Bonn, 1875.

Zahl 10000 F. und 700 R. gegeben ist. Diese kleine Zahl
muss auf einer älteren annalistischen Quelle beruhen, welche
geschrieben wurde, bevor Coelius die Grossthaten der Scipionen in Spanien so verherrlicht hatte: vgl. weiter Ammian.
Marcell. 15, 10, 10, der Scipios Armee eine 'onustam manu
valida classem' nennt. Auch Polyb giebt nirgendswo an,
dass Scipio zwei Legionen hatte, obschon diese für den
Marsch gegen Hannibal an der Rhône unbedingt nötig waren;
vgl. Polyb 3, 41, 2 (nur 60 Schiffe, kein Wort über Legionen);
41, 8; 49, 3 'δυνάμεις' (die Mehrzahl wird bei Polyb mit derselben Bedeutung wie die Einzahl gebraucht); 45, 4 στρατεύματι; 76, 1 ἐπὶ τῆς ναυτικῆς δυνάμεως; 76, 3 στρατεύματι,
ποιούμενος τὴν πορείαν εἰς τὴν μεσόγαιον · πολὺ γάρ ἤδη καὶ τὸ
συμμαχικόν ἠθρόκει τῶν Ἰβήρων. Die zwei letzten Stellen sind
mit einer Armee von zwei Legionen ganz unvereinbar, besonders wenn wir daran denken, dass der Gegner Hanno
bloss 11000 Mann hatte. In diesem Falle ist Livius dem
Polyb gefolgt (vgl. 21, 60, 4 'validaeque aliquot auxiliorum
cohortes ex iis conscriptae sunt'), wie auch in der gleich
folgenden Schlacht mit Hanno. Vgl. weiter Liv. 22, 19, 4,
wo Scipio nicht Truppen genug für beide, Landarmee und
Flotte, hatte und Polyb 8, 1, 4 δύο δὲ (στρατόπεδα) κατά τὴν
Ἰβηρίαν, ὧν τὸ μὲν πεζόν Γνάιος εἶχε, τὸ δὲ ναυτικόν Πόπλιος
(Publius hatte kurz vorher eine neue Legion mitgebracht).

Nach diesem Princip müssen wir die Quellen in den
folgenden Abschnitten untersuchen: nur dort dürfen wir
eine ältere annalistische Quelle vermuten, wo Scipios Operationen mit einer Legion sich ausführen lassen. Die Frage,
ob Coelius schon dem Scipio zwei Legionen gegeben hatte
oder nicht, können wir nicht entscheiden. Es ist auch möglich, dass er die Thaten so übertrieben hat, dass seine Nachfolger die zweite Legion hinzufügen mussten. Dies war für
sie leicht, wenn sie annahmen, dass Scipio nur eine Legion
nach Gallien schickte; so hatte er natürlich zwei für Spanien
übrig. Hiermit haben wir die spätere annalistische Überlieferung (bzw. Coelius) als Quelle für die von Polyb abweichende Truppenverteilung ziemlich festgestellt. Nun be-

trachten wir Kapitel 26 bei Livius; § 1 und 2 sind die spätere Überlieferung; § 3 (scripta legione nova) muss auch in den älteren Annalisten gestanden haben; dann folgen einige Sätze aus Polyb, wie der Vergleich lehrt:

Liv. 21, 26, 3—5.	Polyb. 3, 41, 4—9.
profectus ab urbe sexaginta longis navibus praeter oram Etruriae Ligurumque et inde Salluvium montis pervenit Massiliam, et ad proximum ostium Rhodani . . . . castra locat, vixdum satis credens Hannibalem superasse Pyrenaeos montis quem ut de Rhodani quoque transitu agitare animadvertit, incertus, quonam ei loco occurreret, needum satis refectis ab iactatione maritima militibus, trecentos interim delectos equites ducibus Massiliensibus et auxiliaribus Gallis ad exploranda omnia visendosque ex tuto hostes praemittit.	(Πόπλιος εἰς Ἰβηρίαν ἑξήκοντα ναυσί) κομισθεὶς παρὰ τὴν Λιγυστίνην ἧκε πεμπταῖος ἀπὸ Πισῶν εἰς τοὺς κατὰ Μασσαλίαν τόπους, καὶ κατορμισθεὶς πρὸς τὸ πρῶτον στόμα τοῦ Ῥοδανοῦ . . . ἀπεβίβαζε τὰς δυνάμεις, ἀκούων μὲν ὑπερβάλλειν ἤδη τὰ Πυρηναῖα τὸν Ἀννίβαν ὄρη . . . τὰ μὲν ἀπιστῶν διὰ τὸ τάχος τῆς παρουσίας, τὰ δὲ βουλόμενος εἰδέναι τὴν ἀκρίβειαν, αὐτὸς μὲν ἀνελάμβανε τὰς δυνάμεις ἐκ τοῦ πλοῦ, καὶ διενοεῖτο μετὰ τῶν χιλιάρχων ποίοις χρηστέον τῶν τόπων καὶ συμμικτέον τοῖς ὑπεναντίοις· τριακοσίους δὲ τῶν ἱππέων ἐξαπέστειλε τοὺς ἀνδρωδεστάτους, συστήσας μετ᾽ αὐτῶν καθηγεμόνας ἅμα καὶ συναγωνιστὰς Κελτούς, οἳ παρὰ τοῖς Μασσαλιώταις ἐτύγχανον μισθοφοροῦντες.

Hier haben wir wirklich ein beinahe wörtliches Abschreiben. Doch auf Etruriae statt Pisae könnten wir aufmerksam machen: auch hat er Salluvium montis hinzugefügt, aber andererseits es so dargestellt, als wenn Scipio kaum an Hannibals Überschreitung der Pyrenäen glauben wollte, als er schon, wie auch bei Polyb steht, hörte, dass jener an der Rhône angekommen sei. Die Übertreibung, die in dieser Abweichung liegt, ist durch diesen zweiten Satz, den er wörtlich übernommen hat, stark hervorgehoben.

In den folgenden §§ dieses Kapitels können wir nur ein Paar Phrasen vergleichen:

Liv. 21, 26, 6 ceteris metu aut pretio pacatis.

Pol. 3, 41, 7 τοὺς μὲν χρήμασι πείσας τῶν Κελτῶν τοὺς δὲ βιασάμενος.

§ 7 accolas fluminis Hannibal

42, 2 φιλοποιησάμενος παντὶ

... perlicit donis ad naves un-
dique contrahendas fabrican-
dasque.

§ 8 ingens coacta vis navium
est lintriumque.

§ 9 primum Galli inchoantes
cavabant ex singulis arboribus.

τρόπῳ τοὺς παροικοῦντας τὸν ποταμὸν ἐξηγόρασε παρ᾽ αὐτῶν ....
πλοῖα ... λέμβους .. [1]

§ 3 πλῆθος ἀναρίθμητον ἐγένετο
πορθμείων .. [1]

§ 3. ἔτι δὲ τὴν ἁρμόζουσαν
ὑλείαν ἐξέλαβε πρὸς τὴν κατασκευὴν
τῶν μονοξύλων.

Abweichend von Polyb aber hat Livius die Volcae und
ihre Flucht über die Rhône beschrieben und einen zweiten
Grund erwähnt, warum die Einwohner sich eilten den Hannibal hinüberzuschaffen. Für diese drei Angaben muss Livius
eine zweite Quelle gehabt haben, auch wenn er die anderen
kleineren Zusätze selbst erfinden konnte. Die Nachricht von
der Flucht der Volcae über die Rhône macht den Eindruck
der Zuverlässigkeit und mag durch Vermittlung der älteren
Annalistik auf eine Nachricht der Massiliensier zurückgehen
(vgl. Liv. 21, 20, 8; 26, 5).

Kapitel 27 und 28 sind so oft verglichen worden und
schliessen sich so eng an Polyb (42, 43 und 46) an, dass
es nicht nötig ist, sie hier im Druck wiederzugeben. Auch
der Unterschied zwischen milia quinque et viginti ferme
(27, 4) und ἐπὶ διακόσια στάδια (42, 7), von Wölfflin-Luterbacher (Liv. z. St.) angegeben, existiert nicht. Livius hat
immer in seinen Übersetzungen aus Polyb 8 Stadien auf
eine Meile gerechnet: vgl. Liv. 22, 24, 5 mit Polyb 3, 101, 4;
auch Liv. 21, 36, 2, der ohne Zweifel Polyb 3, 54, 7 gefolgt ist.

Liv. 27, 2 'maxime Hispanis' hat Wölfflin mit 'φιλοῖ'
bei Zonaras 8, 23 verglichen und § 5 'Hispani sine ulla mole
in utres vestimentis coniectis ipsi caetris superpositis incu-
bantes flumen tranavere' mit dem Poübergang (Liv. 21, 47, 5),
wo Coelius citiert ist. Sturm[2] will darin keinen Beweis
sehen für Benutzung des Coelius, weil er zwei andere Stellen
gefunden hat, wo man einen Fluss schwimmend überschreitet.

[1] vgl. Peter, Polyb u. Liv. S. 15.
[2] a. a. O. S. 17.

Doch ist die Zonarasstelle entscheidend, obwohl er das
Schwimmen selbst nicht erwähnt hat: er hat nämlich den
Mago statt Hanno als Führer genannt, deutlich genug eine
Verwechselung mit dem Poübergang, wo nach Coelius Mago
der Führer war. Diese Verwechselung konnte nicht stattfinden, wenn nicht eine grosse Ähnlichkeit in den zwei Fällen
existiert hätte: so dürfen wir annehmen, dass Coelius beim
Rhoneübergang auch das Schwimmen wie beim Poübergang
erzählt hat. Solche Verwechselungen hat Cassius Dio auch
an anderen Stellen gemacht; vgl. App. Hann. 41, eine Schlachtbeschreibung, welche Cassius (Zon. 8, 25) auf die Schlacht
am Trasimenischen See verlegt hat, weil beide sich in der
Dunkelheit abspielten.

Liv. 28, 3 'satis paventes' ist im Gegensatz zu Polyb
und 'castris captis' ist jedenfalls nicht dasselbe wie 'ἐνεπίμ-
πρασαν τὴν στρατοπεδείαν' (43, 9). Wir brauchen dies nicht
als Livius' Fehler aufzufassen, da beides an sich gut ist und
sehr wohl aus einer zweiten Quelle stammen konnte.

Dann folgen zwei Berichte über den Transport der
Elefanten: den ersten hat Wölfflin-Luterbacher (Liv. z. St.)
mit Frontin verglichen und schliesst daraus, dass Coelius die
Quelle sei. Das scheint mir unsicher: Bludau[1]) hat ziemlich
wahrscheinlich gemacht, dass Frontin nicht nur Livius, Trogus, Caesar und Sallust, sondern auch die Annalisten besonders Antias und ebenso Cato, Coelius und Val. Max. direkt
oder indirekt benutzt hat. Nun ist Frontin an dieser Stelle
genauer als Livius (vgl. sub aure vulnerari [F] mit inritatum
[L]) und muss deswegen Livius' Quelle benutzt haben; näher
aber können wir die Quelle aus dieser Vergleichung kaum
bestimmen. In sich passt der Bericht für Coelius gar nicht,
weil er den richtigen aus Silen gekannt haben muss und daher keinen Grund hatte diesen zu erfinden. Die Kürze und
die Unwahrscheinlichkeit dagegen deuten auf einen älteren
Annalisten; denn nur vor der Verbreitung griechischer
Wissenschaft konnte ein Schriftsteller von schwimmenden

---

[1]) De fontibus Frontini. Königsberg. 1883.

Elefanten erzählen. Damals freilich hatten die Römer keinen
Grund, an der Fähigkeit der Elefanten zu schwimmen, zu
zweifeln, da sie überhaupt nur eine dunkle und abenteuer-
liche Vorstellung von diesen hatten¹): sie nannten ihn sogar
'bovem Lucam' vgl. Plin. n. h. 8, 16.

Die zweite Beschreibung des Transports hat Livius aus
Polyb entlehnt; nur zwei Abweichungen kommen vor; die
erste über den Bau der Flösse ist bloss eine Verkürzung,
wie Peter²) richtig gesehen hat; die andere ist sogar von
Böttcher nicht bemerkt worden, ist aber lehrreicher. Denn
am Ende der Beschreibung sagt Polyb (3, 46. 12): διὰ γὰρ
τὴν δύναμιν καὶ τὸ μέγεθος τῶν προβοσκίδων ἐξαίροντες ταύτας
ὑπὲρ τὸ ὑγρὸν καὶ διαπνέοντες, ἅμα δ᾽ ἐκφυσῶντες πᾶν τὸ παρεμ-
πῖπτον, ἀντέσχον, τὸ πολὺ καθ᾽ ὕδατος ὀρθοὶ ποιούμενοι τὴν πορείαν.
Auch hat Aristoteles (Hist. An. 9, 46) gelehrt, dass die
Elefanten so schwer seien, dass sie auf diese Weise mit erhobenen Rüsseln durch die Flüsse gehen könnten. So müssen
wir den Satz bei Polyb als ein Stück Stubengelehrsamkeit
betrachten, infolgedessen er den Bericht des Augenzeugen,
Silen oder Sosilus, verwarf. Dagegen ist Livius' Verbesserung
'pondere ipso stabiles . . . quaerendis pedetentim vadis in
terram evasere' gerade was wir von einem Augenzeugen jener
Zeit erwarten können. Es kann nicht Livius' eigene Erfindung sein, dessen Beschreibungen von der Trebiaschlacht
und an anderen Stellen zeigen, dass er bereit war, alles
Dumme über Elefanten zu wiederholen. Für Livius' Nebenquelle können wir nur an Silen (durch Coelius) denken, der
wahrscheinlich sonst hier auch Quelle für Polyb war³).

Auch in Kapitel 29 sind ein paar Sätze aus Polyb:

§ 1. Hannibal Numidas equites
quingentos ad castra Romana
miserat speculatum ubi et quan-

44, 3. Πεντακοσίους τῶν Νομα-
δικῶν ἱππέων ἐξαπέστειλε κατα-
σκεψομένους ποῦ καὶ πόσοι τυγχάν-

¹) Weissenborn-Müller (Liv. z. St.) denkt, dass beide Berichte
bei Coelius standen, was möglich, aber nicht beweisbar ist.
²) Liv. u. Polyb. S. 14.
³) so auch Böttcher a. a. O. S. 380; Keller S. 117.

tae copiae essent et quid para-	οισιν ὅπιι; και τί απάττοισιν οἱ
rent.	πολέμιοι.[1]
§ 3. proelium atrocius quam ...	45, 2. τοιαύτην φιλοτιμίαν και
	τὴν ἐναλλαξὴν ὥστε ...

Wegen dieser Ähnlichkeit brauchen wir mit Luterbacher[2]) nicht gleich 'centum sexaginta ... ceciderunt' zu korrigieren, obschon Polyb nur 140 Tote angiebt; denn Livius § 3 'fugaque et pavor Numidarum Romanis iam admodum fessis victoriam dedit' zeigt deutlich die zweite Quelle, die sehr wohl eine grössere Anzahl von Toten angeben konnte.

g. Der Alpen-Übergang.

Nachdem wir mehrere Kapitel so genau verglichen haben, müssen wir jetzt etwas allgemeiner verfahren. Auch die Litteratur über diesen Teil ist so ausgedehnt, dass es zu weit führen würde, sie auch nur anzugeben. Und es ist auch nicht nötig, denn die meisten dieser Untersuchungen ziehen die Quellenfrage nicht in Betracht. Es muss jedoch jedem einleuchten, dass Livius, weil er, ohne die Wahrheit zu prüfen, seine Quellen kombiniert hat, nur wenig Gewicht gegenüber Polyb haben kann. Daher ist es unsere Aufgabe, erst alles, was aus Polyb stammt, auszuscheiden und dann das Übrige zu betrachten, um seine Glaubwürdigkeit und Quellen festzustellen.

Liv. B. 21.		Polyb. B. 3.	Liv.		Polyb.
31, 1	=	44, 12	33, 1—5	=	51, 1—4
2	=	47, 1a)	6	=	50
4	=	49, 5	7—9	=	6—9
8	=	11—12	11	=	10—11g)
32, 1—3	=	1—4b)	34, 1—4	=	52, 1—7
4	=	56, 5	5	=	53, 1h)
5—9	=	50, 3—4c)	6—7	=	52, 8; 53, 2—4i)
10	=	5—7d)	9	=	53, 5
11—13	=	8—9e)	35, 1—3	=	6—8

[1] vgl. Peter P. u. L. S. 15.
[2] Diss. S. 33.

Liv.	Polyb.	Liv.	Polyb.
35, 4	= 53, 9i)	36, 5—37, 1	= 54, 8—55, 5
5—6	= 53, 9—54, 1	4—6 =	6—9l)
10—12	= 4—6	38, 1	= 56, 3
36, 2	= 7k)	38, 2	= 56, 4m)

a) nur 'postero die profectus adversa ripa Rhodani mediterranea Galliae petit' aus Polyb; das Übrige ist fremd.

b) ausser 'quadrato agmine' und 'tutius faciliusque'.

c) ausser 'confragosa .... valle'.

d) aber bei Polyb schickt Hannibal die Gallier nur einmal um zu rekognoscieren, bei Livius zweimal.

e) ausser 'laxatos custodias' und 'pluribus quam' u. s. w., wofür Polyb nur 'πρὰ ζωευ' hat.

f) ausser 'qui et clamoribus dissonis, quos nemora etiam repercussaeque valles augebant'.

g) ausser 'viculosque circumicetos' und 'montanis' statt '.Ἀλλόβριγες'.

h) doch schickt H. 'agmen elephanti et equites' statt 'σκευόφορα καὶ ἱππεῖς' zuerst.

i) ausser 'a fronte'.

j) nur 'mono die in iugum Alpium perventum' mit Polyb zu vergleichen.

k) vgl. Hesselbarth S. 37; Wölfflin, Liv. z. St. Livius' Missverständnis ist sicher, aber 'pedum mille' ist leichter zu erklären, wenn Livius, wie gewöhnlich, Polybs $3\frac{1}{2}$ stadia mit 8 dividiert hat (= $3\frac{1}{16}$ = ungefähr $1\frac{1}{5}$ Meile, was Livius als pedum mille schreiben würde).

l) 'quadriduum' ist ein Missverständnis des Livius; er hat Polybs zwei Angaben addiert: vgl. Luterbacher, Jahr. f. Phil. 1894, S. 68.

m) nur 'viginti milia peditum, sex equitum' aus Polyb.

Wir haben hier zwei Klassen von Abweichungen; die erste Klasse besteht aus zahlreichen kurzen und der Darstellung Polybs sehr verwandten, die daher mittelbar auf dieselben Quellen, die er benutzt. zurückzuführen sind; so ist 36, 1 (die Übertreibung der Schwierigkeiten) gerade die von Polyb (3. 47. 9) getadelte Ansicht und ist daher von Livius durch Vermittelung des Coelius aus Silen entnommen, wie schon öfter bemerkt ist. Alle diese kürzeren Zuthaten setzen dieselbe Route voraus, welche Polyb gegeben hat; dies ist für uns höchst wichtig; denn durch den Vergleich von Polyb und Coelius (bzw. dem Coelianischen bei Livius) dürfen wir

7*

hoffen, den Silen wieder herzustellen, und damit wird die Frage, welchen Pass Hannibal benutzt hat, endgültig gelöst, weil jeder vernünftige Mensch zugeben muss, dass nur der Bericht eines Augenzeugen Wert hat.

Nun sagt Polyb (56, 3): ʻκατήρε τολμηρῶς εἰς τὰ περὶ τὸν Πάδον πεδία καὶ τὸ τῶν Ἰνσόμβρων ἔθνος'; mutig stieg er in die Poebene und zu den Insubrern hinab; d. h. so bald als er in die Poebene kommt, findet er sich unter den Insubrern. Die Bedeutung ʻnach' für εἰςˈ), die bei Polyb oft vorkommt, ist hier nicht zulässig, weil der Satz ganz am Ende der Erzählung des Überganges steht; Hannibal ist schon durch das Gebirge gekommen und steigt jetzt in die Ebene hinab; selbstverständlich muss ʻεἰςʼ dieselbe Bedeutung vor ʻἔθνος' wie vor ʻτὰ πεδία' haben. In Kapitel 40, 6 –8 giebt Polyb an, dass die Boier und Insubrer in Verbindung mit Hannibal standen; wir dürfen aus dieser Angabe schliessen, dass Hannibals gallische Führer denselben Völkern angehörten²). Livius 21, 29, 6 erwähnt die Boier mit Magalus als Führer und giebt so die erforderliche Ergänzung zu Polyb 44, 5. So werden wir erwarten, dass Hannibal zu den Galliern bzw. Insubrern kommt. Ein weiterer Beweis bietet sich bei Polyb 60, 8 ʻτῶν Ταυρίνων, οἳ τυγχάνουσι πρὸς τῇ παρωρείᾳ κατοικοῦντες, στασιαζόντων μὲν πρὸς τοὺς Ἰνσόμβρας, . . . περιστρατοπεδεύσας'; Hannibal ist nicht zuerst zu den Taurinern gekommen, sondern sie wohnten in der Nachbarschaft und werden von ihm und seinen Freunden, den Insubrern, angegriffen. So steht die Sache klar und deutlich bei Polyb, doch sagt Livius (38, 6) ʻTaurini semigalli proxima gens erat in Italiam degresso. id cum inter omnes constet', . . . und daraus haben Tillmanns, Nissen³), Nitzsch, Böttcher und andere den Schluss gezogen, dass Livius den Polyb nicht gekannt haben könne. Aber Rauchenstein⁴), Neumann-Fal-

---

¹) vgl. Fuchs a. a. O. S. 82.

²) vgl. F. Voigt, De primis Hannibalici belli annis quaes. crit. Prog. Berlin, 1864, S. 4.

³) Untersuch. ü. IV. und V. Dekade.

⁴) Der Zug Hannibals über die Alpen. Aarau, 1849, S. 6.

tin[1]), Nissen[2]), Soltau[3]), Cocchia[4]) und Fuchs[5]) haben den
Polyb ebenso missverstanden und in dieser Gesellschaft
können wir vielleicht den Livius entschuldigen; jedenfalls
dürfen wir keinen Beweis daraus ziehen, dass Livius den
Polyb nicht benutzt hat.

Wie wir schon gesehen haben, muss Coelius dieselbe
Route gegeben haben wie Polyb und damit stimmt das Citat
bei Livius 21, 37, 7; 'Coelium per Cremonis iugum dicere
transisse; qui ambo saltus eum non in Taurinos sed per
Salassos montanos ad Libuos Gallos deduxissent'; dass wir
nichts über 'Cremonis iugum' wissen, macht hier keine
Schwierigkeit, da Livius' Gegenüberstellung mit Poenino
(= gr. St. Bernhard) den kl. St. Bernhard sicher macht[6]).
Hier haben wir wieder eine Ergänzung aus Coelius, welche
uns den Silen verdeutlicht. Nach Polyb könnten wir auch
an den gr. St. Bernhard denken, obschon er in der That als
unmöglich bewiesen ist. Gegen Polybs eigene Worte hat
Strabo (4, 6, 12) kein Gewicht, obgleich er den Polyb citiert
hat; 'διὰ Ταυρίνων ἦν Ἀννίβας διῆλθεν' ist wie oben gezeigt
für Polyb völlig unmöglich; so müssen wir entweder einen Irrtum
bei Strabo annehmen oder den Text korrigieren. Wenn wir
'ἦν Ἀννίβας διῆλθεν' als Polybs Worte behalten wollen, müssen
wir sie hinter 'Σαλασσῶν' stellen und die Schuld der Umstellung dem Strabo oder einem Kopisten zuschreiben; bekanntlich wurde der Pass durch das Gebiet der Tauriner in
späterer Zeit allgemein mit Hannibal verbunden. Weiter
kann ich mich hierüber nicht auslassen, doch möchte ich
nochmals darauf aufmerksam machen, dass alle diejenigen,
welche einen anderen Pass als den kl. St. Bernhard wählen,
den Silen als unzuverlässig verwerfen müssen, und dann
haben sie gar keinen Anhaltspunkt übrig; denn, wenn es

[1] a. a. O. S. 288.
[2] Italische Landeskunde, Berlin, 1883, S. 156.
[3] Jahrb. d. Vereins für Erdkunde z. Metz, 1887—8, S. 106.
[4] Tito Livio e Polybio, Torino, 1892, S. 20.
[5] a. a. O. S. 82.
[6] vgl. Partsch, Pauly-Wissowa, Realencyclop. Alpes.

Silen nicht wusste, wusste es niemand. Wickham und Cramer[1]), Law[2]), Dodge[3]) und andere[4]) haben gezeigt, dass Polybs Darstellung mit dem kl. St. Bernhard wohl vereinbar ist und meiner Meinung nach ist damit die Frage gelöst[5]).

Jetzt können wir Livius' Abweichungen von dieser ersten Art, welche wir dem Coelius d. h. Silen zuschreiben, kurz erwähnen. Zuerst Kapitel 31, 5—7: das Volk ist richtig Allobroges genannt, und den Namen des älteren Bruders Braneus erfahren wir auch. Beide fehlen bei Polyb, der überhaupt die 'Allobroges' fälschlich weiter östlich gesetzt hat. So erzählt Livius, dass Braneus fast schon von dem jüngeren Bruder ausgetrieben worden wäre und dass Hannibal 'arbiter regni' genannt wurde, während Polyb (3, 49, 8—9) angiebt, dass die zwei Brüder sich mit Heeresmacht gegenüber standen und dass Hannibal von dem älteren Bruder zu Hilfe gerufen wurde. Ohne Zweifel hat Livius hier die gemeinsame Quelle Silen treuer wiedergegeben.

Kapitel 32, 1—3 (Scipios Marsch gegen Hannibal) ist ganz falsch, obschon er auch bei Polyb steht, weil er mit der geringen Grösse der römischen Armee (nur 10000 Mann) unvereinbar ist: daher stammt er aus einer scipionen-freundlichen Quelle sowohl bei Polyb wie bei Livius. Die anderen Geschichtschreiber kennen die Erzählung gar nicht: ja Ammianus Marcell. hat sie sogar durch einen anderen scipionenfreundlichen Bericht ersetzt, den wir der späterer Annalistik zuschreiben dürfen (vgl. unten S. 106). So beruhen die wenigen Zusätze in diesen drei §§ auf Coelius, wenn wir sie nicht der Erfindung des Livius selbst zuschreiben. Die folgenden kürzeren Abweichungen aber enthalten wirkliche Ergänzungen zu Polybs Bericht: so Kapitel 32, 9 (die Stelle des Lagers); § 10 (die zweite Rekognoscierung); 33, 10 (die

[1]) Passage of Hannibal over the Alps, Oxford, 1820.
[2]) Alps of Hannibal, London, 1866.
[3]) a. a. O. S. 215 ff.
[4]) vgl. Partsch a. a. O.
[5]) Fuchs, Hannibals Alpenübergang, Wien, 1897, ist nochmals für den Mt. Genèvre eingetreten.

Ausmalung des glücklichen Erfolgs von Hannibals Angriff): § 11 (montani statt Ἀλλόβρῳες u. s. w.); 35, 4 (weitere Wanderungen angedeutet): § 7—9 (Hannibals Rede ist verschieden von Polyb und mit Cato frg. 85 bei Serv. z. Vergil Aen. 10, 13 zu vergleichen). Sowohl Catos wie Silens Einfluss deutet in allen diesen Fällen auf Coelius als direkte Quelle für Livius.

Nun gehen wir zur zweiten Klasse der Differenzen des Livius über. Wir müssen diese Hauptabweichungen (31, 9 12: 32, 6—7: 37, 2- 3) etwas genauer betrachten; sie sprechen von einer Route durch die 'Tricastinos', 'oram Vocontiorum'. 'Tricorios', 'ad Druentiam' und von der auch bei Ammian damit verbundenen Essiggeschichte. Dasselbe Märchen in einer älteren Form kommt bei Appian vor und dies werden wir zuerst betrachten. Hann. 4 ἐλθὼν δὲ ἐπὶ τὰ Ἄλπεια ὄρη, καὶ μηδεμίαν μήτε δίοδον μήτε ἄνοδον εὑρών (ἀπόκρημνα γάρ ἐστιν ἰσχυρῶς) ἀπέθανε κἀκείνους ὑπὸ τόλμης, κακοπαθῶν χρόνος τε πολλῆς οὔσης καὶ κρύους, τὴν μὲν ὕλην τέμνων τε καὶ κατακαίων, τὴν δὲ τέφραν σβεννὺς ὕδατι καὶ ὄξει, καὶ τὴν πέτραν ἐκ τοῦδε ψαφαρὰν γιγνομένην σφύραις σιδηραῖς θραύων, καὶ ὁδὸν ποιῶν ἥ καὶ νῦν ἐστιν ἐπὶ τῶν ὀρῶν ἐντριβής καὶ καλεῖται δίοδος Ἀννίβου'. Die letzten Worte (καὶ νῦν ἐστιν u. s. w.) beweisen, dass Appian eigene Zuthaten gemacht hat, und wir müssen daher vorsichtig sein. Unten giebt er 'Ταυρασίᾳ, πόλει Κελτικῇ' als Endpunkt des Marsches an. Taurasia dürfen wir seiner Quelle zuteilen aber 'πόλει Κελτικῇ' kann nichts anderes als eigene Zuthat sein. So dürfen wir kaum 'ὕδατι' beibehalten, obwohl das Mischen von Wasser mit dem Essig die Geschichte etwas glaubwürdiger macht; aber eben daran ist ihre spätere Herkunft erkennbar. Über die Reihenfolge der Ereignisse bietet Appian nicht viel und das wenige ist durch die Epitome Livii beeinflusst; auch 'μήτε δίοδον μήτε ἄνοδον' ist mit Orosius 4, 14. 4 'invias rupes' und Eutrop 3. 8, 2 'adhuc ea parte invias' zu vergleichen; ebenso ist 'igni ferroque' bei Orosius zu bemerken, aber von dem Essig stand nichts in der Epitome. So ist der alte Bestandteil bei Appian kaum mehr als der Essig. Taurasia und die sechs

Monate für den Marsch. Das letzte ist sicher annalistischen Ursprungs und beweist nur, dass die ältere Annalistik den Aufbruch des Hannibal einen Monat zu früh ansetzte.

Die Essiggeschichte ist öfters erwähnt; so bei Comm. Bern. zu Lucan 1, 31 (aus Livius): Schol. zu Lucan (Weber) 1, 183 (aus Serv. zu Vergil): Servius zu Vergil Aen. 10, 13 'Alpes . . . secundum Catonem et Livium . . . confecit, ante exustas aceto infuso rupit; Juvenalis (10, 153) et montem rupit aceto'.

Ich habe schon gezeigt, dass wir das Cato-Citat bei Servius bis zu 'confecit' erstrecken müssen; weiter aber ist es nicht nötig, da 'infuso aceto' bei Livius steht und 'rupit' von der folgenden Juvenal-Stelle beeinflusst ist. Wegen dieses 'rupit' ist die Juvenal-Stelle aus Plinius oder seiner Quelle entnommen; vgl. 33, 71 'hos igne et aceto rumpunt'; dazu 33, 96 'mirum adhuc per Hispanias ab Hannibale inchoatos durare puteos, sua nomina ab inventoribus habent, ex quis Baebelo appellatur hodie qui CCC pondo Hannibali subministravit in dies'. Weissenborn-Müller führt diese letzte Stelle an, um die Wahrscheinlichkeit von Livius' Essigfabel zu verstärken. Sicher gehören Plinius' zwei Notizen zusammen, und dies beweist gerade, dass er eine Geschichte über Hannibal zu beiden Stellen als Quelle benutzt hat. Wenn wir die Quellen des 33. Buches nachschlagen, finden wir Piso als die einzig mögliche. Ist dann Piso auch Appians Quelle? Hierauf können wir nur antworten: möglicherweise; zwingende Beweise habe ich nicht gefunden, obschon mehrere Andeutungen eben darauf führen. So scheint es am wahrscheinlichsten, dass Livius und Appian auch an anderen Stellen eine gemeinschaftliche Quelle haben, und wenn, so kann diese nur Piso sein. Die Zeit des Piso allein (vgl. oben S. 45) wäre ein wichtiger Beweis für seine Benutzung durch Appian, aber aus der Erzählung der spanischen Feldzüge geht es noch deutlicher hervor. Appians Freisein von der scipionischen Uebertreibung ist überall zu erkennen und dadurch ist Coelius als Quelle völlig ausgeschlossen, desgleichen Antias und Claudius bzw. seine Quelle Acilius.

denn diese übertreiben ebenfalls stark: vgl. Liv. 25, 39, 12,
'Ad triginta septem milia hostium caesa auctor est
Claudius . . . Valerius Antias una castra Magonis capta
tradit, septem milia caesa hostium, altero proelio eruptione
pugnatum cum Hasdrubale, decem milia occisa, quattuor milia
trecentos triginta captos. Piso quinque milia hominum, cum
Mago cedentis nostros effuse sequeretur, caesa ex insidiis
scribit'. Livius hat wie gewöhnlich eine kleine Zahl gegenüber den grossen angeführt und diesmal ist Piso Quelle.
Appian hat die Schlacht unerwähnt gelassen: so konnte sie
in seiner Quelle nicht sehr bedeutend gewesen sein. Auch
die Zahl der römischen Soldaten in Spanien nach Appian
macht Claudius' oder Antias' Bericht über den Sieg als
Quelle für Appian ganz unmöglich. Weil aber dies nur im
Allgemeinen den Charakter des Gewährsmannes von Appian
beweist, möchte ich die Möglichkeit, dass er nur eine dem
Piso verwandte Quelle hatte, nicht ausschliessen.

Es bleibt nun noch Ammian zu untersuchen, der an
dieser Stelle eine dem Livius sehr nahestehende Quelle gehabt zu haben scheint.[1]) Die Stelle 15, 10, 9 ff. müssen wir
im Ganzen betrachten: 'et primam Thebaeus Hercules ad
Geryonem extinguendum, ut relatum est, et Tauriscum lenius
gradiens prope maritimas conposuit Alpes, hisque harum
indidit nomen; Monoeci similiter arcem et portum ad perennem
sui memoriam consecravit. deinde emensis postea saeculis
multis hac ex causa sunt Alpes excogitatae Poeninae. superioris
Africani pater Publius Cornelius Scipio Saguntinis memora-
bilibus aerumnis et fide, pertinaci destinatione Afrorum ob-
sessis iturus auxilio in Hispaniam traduxit onustam manu
valida classem, sed civitate potiore Marte deleta Hannibalem
sequi nequiens triduo ante transito Rhodano ad partes Italiae
contendentem navigatione veloci intercurso spatio maris haut
longo degressurum montibus apud Genuam observabat Li-
guriae oppidum, ut cum eo, si copiam fors dedisset, viarum

¹) vgl. Wölfflin, Coelius Antipater, S. 47; Soltau, Quellen zu
Liv. 21 und 22, S. 5.

asperitate fatigato decerneret in planitie. consulens tamen
rei communi Cn. Scipionem fratrem ire monuit in Hispanias,
ut Hasdrubalem exinde similiter erupturum arceret. quae
Hannibal doctus a perfugis, ut erat expeditae mentis et calli-
dae, Taurinis ducentibus accolis per Tricasinos et oram Vocontiorum extremam ad saltus Tricorios venit. indeque exorsus
aliud iter antehac insuperabile fecit; excisaque rupe in im-
mensum elata, quam cremando vi magna flammarum acetoque
infuso in solidam solvit, per Druentiam flumen gurgitibus
vagis intutum regiones occupavit Etruscas'.

Es bedarf keines Beweises, dass Ammian oder seine
Quelle sehr schlecht kombiniert hat: das zeigt allein sein
Bericht über Hercules, da 'Tauriscum' (= Noreia), 'maritimas
Alpes', 'hisque indidit nomen' (= Graiae Alpes vgl. 15, 11, 12)
und 'Monoeci' (= Monaco) verbunden sind, d. h. drei unver-
einbare Berichte. Es wäre vielleicht möglich, nach Cato
(Plin. n. h. 3, 134) die Sallasser unter 'Tauriscum' zu ver-
stehen; aber es würde wenig helfen und die Identification
des Tauriscum mit Noreia ist sicher (vgl. Plin. n. h. 3, 133;
Strabo 4, 6, 12): auch ist Noricum in der Tradition mit Norix,
einem Sohn des Hercules, verbunden (vgl. Megiser, Annal.
Carinth. Lips. 1612).

Bei Hannibals Übergang haben wir einen ähnlichen Fall:
erst 'Poeninae', dann 'Druentiae', 'Genua' und 'Etruscas';
trotz dieser Kombination aber dürfen wir nicht denken, dass
Ammian den Livius benutzt hat: vielmehr haben wir in
ziemlich reiner Form ein Excerpt aus einer von Livius'
Quellen; denn hier ist Genua verständlich und ebenso das
Feuer, Essig u. s. w., die bei Livius so ganz ausser dem
Zusammenhang stehen. Wenn wir 'Poeninae' als das Produkt
von Ammians Kombination und 'Etruscae' als dasselbe oder
einen Fehler des Ammian oder als Textverderbnis auslassen, ist das Übrige ziemlich einheitlich. Für die Quelle
ist 'iturus auxilio in Hispaniam' lehrreich: die Belagerung
Sagunts ist in das Jahr 218 gesetzt: ferner sprechen Scipios
Versuch, Hannibal bei Genua zu treffen und der Grund,
warum der Bruder nach Spanien geschickt wurde, für eine

den Scipionen freundliche Quelle[1]) (daher nicht Antias, vgl.
Frg. 25 = Aul. Gell. 7, 8, 6). 'Manu valida' dagegen passt
nicht recht für eine Armee von zwei Legionen und wird
wohl aus der älteren Annalistik stammen, wo wir die Essiggeschichte schon gefunden haben. Wenn wir versuchen, alle
diese Züge bei einer von Livius' Quellen vereinigt zu finden,
so ist es nur möglich, an Claudius zu denken, und vielleicht
liegt er in Ammians Quelle versteckt; direkt aber hat der
letztere ihn nicht benutzt, wie 'Taurinis ducentibus' zeigt;
wenn Claudius einen solchen Fehler gemacht hätte, der die
Eroberung der Taurinerstadt unmöglich macht, hätte Livius ihn
nicht unerwähnt lassen können. Die Essigerzählung dagegen
steht hier an einer verständlichen Stelle[2]), wo die ältere Annalistik, welche Appian benutzte, sie auch hingestellt haben muss.

Erst durch Ammian gewinnen wir ein richtiges Verständnis von 'ad laevam' bei Livius 21, 31, 9; wir sehen
nämlich, dass Hannibal bei Scipios Erscheinen nach Norden
abmarschiert ist; dann fährt Scipio mit der Armee nach
Genua und wartet auf Hannibal, doch schickt er endlich die
Armee unter seinem Bruder nach Spanien; Hannibal erfährt
dies durch Überläufer und kommt zurück; während dieser
Zeit muss er unter den Allobrogern gewesen sein und als
er nach Süden kam, war es selbstverständlich nötig, 'ad
laevam' zu gehen, um die Alpen zu erreichen. So ist Livius'
Fehler nur ein Versuch, seine Quellen zu kombinieren. Ammians
Quelle liess Hannibal ziemlich weit südlich kommen, das
Gebirge zwischen den Vocontii und Tricorii wie auch die
Druentia überschreiten, um beinahe zum Mittelmeere vor-
zudringen und, während Scipios Armee fort war, durch die
'Alpes maritimae' leicht nach Italien zu kommen. Ammian
hat dies missverstanden und ihn über Genua nach Etrurien
geführt. Für die Quelle aber zeigt 'Taurinis ducentibus',
dass die Tauriner als Endziel des Marsches gedacht waren
und, nachdem Hannibal so weit südlich war, dürfen wir an
keinen anderen Pass als den Col di Tenda denken.

[1]) vgl. oben S. 88, Gardthausen, Jahrb. f. class. Phil. Suppl. VI
und Sturm a. a. O. S. 13 dafür, dass Coelius nicht die Quelle sein kann.
[2]) Die für das Feuer nötigen Bäume waren hier vorhanden,
während Livius sie am Gipfel des M. Genèvre suchen musste.

Varros Angabe (Serv. z. Verg. Aen. 10, 13), dass der
Col del' Argentiere Hannibals Pass sei, ist auch mit dieser
Darstellung vereinbar und ist wahrscheinlich die ältere Form.
Livius aber hat durch seine Contamination mit Polyb diesen
annalistischen Bericht so verändert, dass man nach ihm nur
an Mt. Genèvre denken kann.

Wegen 'Genuam' ist auch Livius 21, 32, 5 mit Ammian
zu vergleichen; das Übrige aber ist ganz verschieden und
stammt, nach 'cum admodum exiguis copiis' zu urteilen, aus
Appians Quelle; vgl. App. Iber. 14 ἐπὶ πεντήρους. So hat
Livius schlecht kombiniert, indem er das ältere 'εἰς Τυρρηνίαν'
durch das unmögliche 'Genua' aus der Urquelle Ammians
(Claudius?) ersetzt hat.

Am Ende haben wir einiges in Livius' Kapitel 38 zu
bemerken: die Zahl 120000 ist einstimmig dem Antias zugeschrieben und er hat sie wahrscheinlich gehabt; doch ist
diese Zahl schwerlich eine Erfindung, sondern mag wohl der
erste durch die Massilienser gebrachte Bericht sein, in welchem
Falle sie die Stärke von Hannibals Armee beim Aufbruch
geben würde, wofür sie nicht so sehr übertrieben ist. Auch
müssen wir uns daran erinnern, dass die Römer zuerst gar-
nichts über Hannibals furchtbaren Verlust wussten und sie
konnten daher dies als seine Stärke in Italien angeben.

Dass Cincius' Angabe auch zu hoch gegriffen ist, müssen
wir als Schreibfehler erklären, da er, weil er die Zahl von
Hannibal selbst hatte, mit Polyb genau übereinstimmen sollte;
und so ist es auch, teilweise wenigstens. Die Zahl der Reiter
(10000) stimmt mit Polybs Zahl an der Trebia und der Verlust (36000) passt auch ziemlich gut zu Polyb, wenn wir
mit Lachmann[1]) statt der Rhône die Pyrenäen als Ausgangs-
punkt nehmen. Nach Polyb war der Verlust 33000 und es
wäre sehr leicht, Livius' XXXVI milia in XXXIII zu
korrigieren: ja, gerade diese Lesart haben die drei jüngeren
Handschriften, Lovel 3, Hafn. und Hiarnii D; so dürfen wir
die Verbesserung als ziemlich sicher ansehen. Die Zahl der

---

[1]) a. a. O. II. S. 80.

Fusssoldaten (80000) ist auch von Eutrop 3, 8. 2 angegeben, der sie aus seiner annalistischen Quelle genommen hat. Die Epitome Livii nämlich hatte die Zahl 120000 (vgl. Oros. 4. 14, 5) und konnte die Elefanten nicht erwähnt haben, weil die Zahl bei Livius und seinen Nachfolgern fehlte. Eutrop dagegen hat die richtige Zahl 37, welche er mit den anderen Zahlen aus Cincius genommen haben muss; direkt aber nicht, da er denselben Fehler (adduxisse) hat, welchen Livius irrig dem Cincius zuschreibt. Schlimmer ist es jedoch, wenn Eutrop hinzufügt: 'Interea multi Ligures et Galli Hannibali se coniunxerunt'; so muss er an eine viel höhere Gesammtzahl der Truppen als 90000 gedacht haben. Livius' Erklärung betreffend die Ligurer und Gallier hat er nicht gekannt, muss aber wegen des Fehlers 'adduxisse' eventuell auf dieselbe Quelle zurückgehen. Die Entstehung des Fehlers müssen wir uns so denken, dass irgend ein Geschichtschreiber mehrere Varianten für die Zahl der von Hannibal nach Italien geführten (= adduxisse) Truppen gegeben hat: auch die von Cincius angegebene Zahl mit Einschluss der Ligurer und Gallier hatte er darunter angeführt und die Nachfolger müssen so verstehen. wie Livius und Eutrop. In beiden Fällen haben wir einen Versuch, die unmögliche Angabe zu korrigieren; denn jedermann wusste, dass diese Völker erst in Italien zu Hannibal kamen. Selbst jedoch hat Eutrop nicht korrigiert; das liegt nicht in seiner Art oder Zeit, weshalb ich für ihn noch eine vermittelnde Quelle annehmen möchte. Unter den Quellen des Livius ist Coelius der einzige, von dem wir wissen, dass er mehrere Varianten angeführt hatte und daraus können wir ziemlich sicher schliessen, dass er hier Gewährsmann gewesen ist. Eutrops Quelle muss ein Nachfolger des Coelius, jedoch ein von Livius nicht benutzter Geschichtschreiber gewesen sein. Dass die Zahl 80000 nicht von Cincius herstammt, ist klar. Die Reiter, die Elefanten (zwar an falscher Stelle) und unsere Korrektur (33000) für den Verlust stimmen genau mit Polyb überein, und so muss es auch die Zahl der Fusssoldaten, weil alle Zahlen direkt auf Hannibal zurückgehen. Nun giebt Polyb

die Zahl von Hannibals Truppen auf dem Marsch nach
Etrurien nicht, und gerade diese Zahl wäre zu vergleichen,
wenn wir alle Ligurer und Gallier mitrechnen wollten. Doch
dürfen wir nach den späteren Angaben (z. B. bei Cannae)
an etwa 50000 Fusssoldaten glauben, wofür die Änderung
80000 als Textverderbnis in dem griechisch-schreibenden
Cincius vielleicht zu erklären wäre. Die Verwechselung von
ῆ (in Majuskel oft N geschrieben) und ν' (Λ) war in der
älteren Zeit sehr leicht und, wenn Cincius ν' als Tausende
schrieb, muss der Nachfolger in Myriaden korrigieren als er
ῆ las. Doch wie das auch sein mag, ist jedenfalls eine
mittelbare Benutzung des Cincius sicher, weil zwei Geschichtschreiber unabhängig denselben Fehler[1] ihm zuschreiben.

Fassen wir unser Resultat kurz zusammen: die Quellen
für den ganzen Abschnitt sind Polyb, Coelius und Claudius
mit ein Paar Zusätzen aus Antias und der älteren Annalistik (Piso?).

h. Das Gefecht am Tessin.

Die Kapitel, welche wir hier überspringen, stehen mehr
oder weniger unter Polybs Einfluss; so ist Kapitel 39 aus
Polyb 56, doch mit mehreren Abweichungen. In Scipios
Rede ist 'Hannibal hie sit aemulus itinerum Herculis' (41, 7)
merkwürdig; dies ist dieselbe Ansicht, welche Nepos, Hann.
3, 4 hat und welche von Polyb 3, 48, 6 getadelt wird.
Auch Appian (Syriake 10, in der Unterredung zwischen
Hannibal und Scipio) hat dieselbe, wie gewöhnlich angenommen wird, aus Polyb entlehnt: ich möchte das Verhältnis
eher so erklären, dass Appian das übrige zwar aus seiner
annalistischen Quelle[2], diese Erweiterungen zu der Unterredung aber aus Nepos gezogen hat; sicher ist die Ähnlichkeit sehr auffallend. Der Satz bei Livius scheint auf Coelius'
Einfluss zu deuten; jedenfalls ist nur Silen denkbar als
Urquelle für die drei Polyb, Nepos und Livius.

[1] vgl. Mommsen, Röm. Chron. Berlin, 1859, S. 316.
[2] vgl. die Vorrede, dass der Annalist Acilius und nicht Polyb
die Urquelle für diesen Bericht war.

Livius Kapitel 42 ist beinahe wörtlich aus Polyb 62,
3—11, aber am Ende lässt Livius mehrere Gefangene kämpfen,
Polyb nur zwei. Hesselbarth (S. 50) sieht nur Livius' Ungenauigkeit hier, doch scheint es eher ein Ausgleich zwischen
Polyb und einem zweiten Bericht, der bei Cassius Dio (frg.
57, 4) steht: er lässt die sämtlichen Gefangenen kämpfen,
eine Übertreibung, wofür wir den Coelius als Quelle vermuten
können[1]. Richtig haben Gilbert[2] und Hesselbarth[3] gesehen,
dass Hannibals zweite Rede (Kapitel 45) eine Doublette ist;
wie die erste mehrere Gedanken aus Polyb hat, so deutet
hier 'dextra silicen retinens . . . . caput pecudis saxo elisit'
auf eine ältere römische Quelle, vielleicht Coelius, wie Hesselbarth annimmt. Auch § 9 'id morae, quod nondum pugna-
rent' erinnert an Liv. 21, 5, 12 'id morari victoriam, quod
interesset amnis', wo wir Coelius oder seinen Nachfolger
fanden[4]. Kapitel 46 ist ein ausserordentlich buntes Ge-
misch; § 1—2, die Prodigien, gehören den älteren Annalisten
an (vgl. Liv. 10, 27, 8), wie wohl Coelius und die späteren
sie auch haben konnten. Mit Polyb 65 ist nicht nur die
eigentliche Schlacht zu vergleichen, sondern auch 'iacula-
toribusque ex peditibus' mit 'τῶν πεζῶν τοὺς ἀκοντιστὰς' und
'oriens pulvis' mit 'κονιορτὸν ἐξαιρόμενον'; das letzte bloss wegen
der wörtlichen Gleichheit, da die Sache von Ennius und
nach ihm von den späteren Römern berichtet wurde; vgl.
Enn. Ann. 8, 13 n (Müller): Müller und Ihne[5] teilen dieses
Fragment der Schlacht bei Cannae zu, wohin das nächste
Fragment bei Müller 'stant pulvere campi' wahrscheinlich
gehört; aber frg. 13 n 'iamque fere pulvis ad caelum vasta
videtur' ist dasselbe wie Livius 'oriens pulvis' in dem Tessin-
gefecht, wie Hesselbarth (S. 54) und Sieglin (Coelius Antipater) schon gesehen haben. Der Staub steigt nicht ad
caelum bei solch einem Winde, wie ihn die Römer bei Can-

---

[1] vgl. Posner a. a. O. S. 59.
[2] Die Fragmente des Coelius Antipater, S. 428.
[3] a. a. O. S. 52.
[4] oben S. 73.
[5] Röm. Geschichte II, S. 228.

nae sich dachten: und so stellten sie es sich auch garnicht vor,
sondern erzählten nur, dass der Staub in die Gesichter der
Römer getrieben wurde. Sehr bezeichnend für die Benutzung
des Polyb ist 'frenatos equites' (§ 5); vgl. 65, 6 'κεχαλινω-
μένην ἵππον'. Andererseits sind 'clamore sublato', 'ad secundam aciem'. 'quia turbabant equos pedites intermixti', und
die Rettung des Konsuls aus anderen Quellen genommen.
Über die Rettung giebt Livius zwei Berichte, doch zieht er
den Sohn als Retter vor, obschon Coelius einen ligurischen
Sklaven nannte: sein Grund war 'quod et plures tradidere
auctores, et fama obtinuit'. Es ist der Mühe wert, hier zu
untersuchen was 'plures' bedeutet. Die Stellen, wo die
Rettung erwähnt ist, hat Wölfflin[1]) gesammelt und ist zu
dem Schluss gekommen, dass Coelius Recht hatte[2]). Die
Stellen, welche für den Sohn sprechen, sind alle aus Livius
oder Polyb (10, 3, 4) gezogen und haben so keinen selb-
ständigen Wert; sie sind nur ein Beweis, dass Livius Recht
hatte, als er 'fama obtinuit' schrieb. Wir brauchen nur die
anderen hier zu betrachten: Macrobius 1, 11, 26 'Ipsum
P. Scipionem Africani patrem, postquam cum Hannibale
conflixerat, saucium in equum servus inposuit, et ceteris
descrentibus solus in castra perduxit'. Dies wird gewöhnlich
dem Coelius zugeschrieben und einer indirekten Entlehnung
steht nichts im Wege. Lehrreicher ist die zweite Stelle
(Plin. n. h. 16, 14) '[coronam civicam] Africanus de patre
accipere noluit apud Trebiam'. Wegen des Fehlers 'Trebiam'
wollte Wölfflin Nepos als Quelle annehmen, der zwar von
Plinius für dieses Buch citiert ist und den Scipio an der
Trebiaschlacht teilnehmen liess: dagegen muss man ein-
wenden, dass Nepos, Hann. 4, 2 die Verwundung richtig am
Tessin stattfinden lässt. Appian aber (Hann. 7) erzählt, dass
Scipio an der Trebia verwundet sei und, obschon er die
Rettung nicht erwähnt hat, kann sie sehr wohl in seiner
Quelle gestanden haben. Ob man die Auslassung dem Appian

---

[1]) Hermes, 23, S. 307 und 479.

[2]) vgl. Keller a. a. O. S. 198; Arnold, The Second Punic War,
London, 1886, p. 29.

zuschreibt oder eine Mittelquelle annimmt, jedenfalls muss
dieser Fehler bei Plinius und Appian auf dieselbe Urquelle
zurückgehen. wenn auch nur mittelbar. Nun erwähnt Plinius
für Buch 16 nur zwei andere historische Quellen, welche
jene Zeit beschrieben, Cato und Piso. Wir haben schon
gesehen, dass Piso dem Appian sehr nahe stand. und diese
Ansicht wird hier noch dadurch verstärkt, dass Cato, der
ein Zeitgenosse des Krieges war, den Fehler. den Scipio an
der Trebia verwundet werden zu lassen, nicht begehen konnte.
Doch muss Cato die Rettung durch einen Sklaven gehabt
haben; denn nur so können wir diese Geschichte bei seinem
Benutzer[1]) Coelius erklären.

Haben wir also zwei so gewissenhafte Historiker wie
Cato und Piso ziemlich sicher für diesen Bericht ermittelt,
so dürfen wir ihn der ganzen älteren Annalistik zuschreiben
und uns zu der Frage wenden, wie Africanus als Retter in
die Geschichte gekommen ist. Bei Polyb ist die Antwort
nicht schwierig. da er den Laelius als seinen Gewährsmann
nennt. Auch Ennius gehörte in diesen Kreis und für ein
Gedicht passte die Rettung durch den Sohn vortrefflich;[2])
sicher ist jedenfalls, dass durch seinen und des Laelius[3]) Einfluss die Geschichte in die spätere Annalistik kam; dafür,
dass sie wirklich dort stand, ist 'fama obtinuit' bei Livius
ein sicherer Beweis. Mit Coelius und Piso als Zeugen für
den ligurischen Sklaven, müssen wir wenigstens drei für
Africanus haben, um 'plures auctores' zu erklären. Ausser
Polyb[4]) dürfen wir an Claudius und Antias denken; ja auch
den Ennius hat Livius sicher gelesen und er ist vielleicht
hier miteingerechnet. Fabius aber kann nicht den Sohn als
Retter gehabt haben. weil Polyb in diesem Falle es nicht
nötig gehabt hätte, den Laelius anzuziehen.[5])

---

[1]) vgl. Coel. frg. 86 und Gilbert, Frag. d. Coelius, S. 389.

[2]) So auch Silius Italicus 4, 456.

[3]) Baumgartner, a. a. O. S. 11, will nur den Polyb als historische
Quelle für diese Ansicht gelten lassen.

[4]) vgl. Föhlisch a. a. O. 1885, S. 5; anders Heynacher S. 22 und
Böttcher, die nicht zugeben, dass Livius das 10. Buch des Polyb kannte.

[5]) vgl. Wölfflin a. a. O.

8

i. Die Schlacht an der Trebia.

Diese Schlachtbeschreibung ist seit so langer Zeit eine Streitfrage gewesen, dass ich hier wie in dem Alpenübergang die meisten verkehrten Ansichten unerwähnt lassen muss. Wir fangen gleich mit Kapitel 52 an, obschon auch in der voranstehenden Erzählung mehrere Stücke aus Polyb entnommen sind; vgl. besonders Kapitel 47 mit Polyb 3, 66 und 48 mit Polyb 67.

Nehmen wir zuerst die aus Polyb entlehnten Stücke:

Liv.	Polyb.	Liv.	Polyb.
52, 3	= 69, 5	53, 9	= 70, 10
5—6	= 6—7a)	54, 1	= 71, 4
9—11	= 8—10, 14b)	4—5	= 9—11d)
53, 6—7	ᐧ 70, 7c)	54, 6—55, 4	= 72, 1—11e)

a) 'simul ut praeda militem aleret . . . plerosque' und 'cum ad id dubios servassent animos, coacti ab auctoribus iniuriae ad vindices futuros declinant' sind aus anderer Quelle.

b) ausser 'ingentem terrorem' und 'varia inde pugna sequentes inter cedentesque cum ad extremum aequassent certamen', wo Polyb den Hannibal weiteren Kampf vermeiden lässt.

c) doch übertrieben und mit veränderter Zeitangabe, um mit Kapitel 57, 3 übereinzustimmen.

d) doch sehr gekürzt.

e) doch sind 54, 8 über die Kälte und in § 9 'ut vix armorum tenendorum potentia esset, simul lassitudine' übertriebene Zusätze aus verwandter Quelle.

Alle diese Abweichungen weisen auf eine den Römern freundliche Quelle. Weiter hat Kapitel 55, 4 'duodeviginti milia Romana' statt 16 000 bei Polyb und auch 'auxilia practerea Cenomanorum: ea sola in fide manserat Gallica gens' hinzugefügt. Wegen des letzteren dürfen wir die 18 000 nicht als Textfehler nach Polyb korrigieren. Livius hat zwei Notizen über die Zahl aus einer anderen Quelle genommen und ihr bestimmter Charakter weist auf eine gutunterrichtete. Polybs Angabe ist ungenau und mit seiner früheren Erzählung in Widerspruch: er liess nämlich Scipio zwei Legionen nach Gallien schicken, wo schon eine Legion stand; dann kommt Sempronius mit zweien aus Sicilien. Fünf Legionen sind sicher in Gallien gewesen; doch giebt Polyb die gewöhnliche Truppenstärke für vier und dazu die Erklärung (72. 12): 'τὸ γὰρ τέλειον στρατόπεδον παρ' αὐτοῖς πρὸς τὰς ὁλοσχερεῖς ἐπιβολὰς ἐκ τοσούτων ἀνδρῶν ἐστιν, ὅταν ὁμοῦ τοὺς ὑπάτους ἐκατέρους οἱ καιροὶ συνάγωσι'. Dies beweist, dass Polyb seine Zahl nicht in seinen Quellen fand sondern nach eigenem Wissen seine Vorlage korrigierte. Daher müssen wir dem Livius als dem genaueren folgen, auch wenn die Möglichkeit nicht ausgeschlossen ist, dass er 'socium nominis Latini viginti' aus Polyb entnahm, während seine andere Quelle eine entsprechend höhere Zahl darbot. Jedenfalls ist es sehr schwer, eine so kleine Zahl zu erklären, wenn wir nicht all zu viele in dem Lager oder anderswo beschäftigt' denken. Denn die drei ersten Legionen machten 27000 F. und 2400 oder (nach Liv. 21, 17, 9 sescentos Romanos) sogar 3000 R. Von dieser Zahl dürfen wir nicht mehr als 1000 für den Verlust gegen die Gallier abrechnen (die zweite Schlacht ist bekanntlich eine Doublette). Sempronius hat wenigstens 18000 F. und 1600 R. mitgebracht, wenn nicht sein ganzes Aufgebot (24000 + 2400 Liv. 21, 17. 5). Der Verlust am Tessin fiel meistenteils der Reiterei zu und doch war sie an der Trebia noch 4000 Mann stark. So kann das Fussvolk nicht weniger als 43000 Mann stark gewesen sein, wovon also augenscheinlich 5000 in dem Lager geblieben sind, da 38000 nach Liv. am Kampfe teilnehmen (18 + 20 Tausend). In Kapitel 55. 2 bei Livius steht 'Baliares locat ante signa, levem armaturam. octo ferme milia hominum', wo Polyb 72, 7 'προβαλόμενος ἐφεδρείαν τοὺς λογχοφόρους καὶ Βαλιαρεῖς, ὄντας εἰς ὀκτακισχιλίους' hat. Hier ist es besser eine Ungenauigkeit von Livius anzunehmen als in 'levemque aliam armaturam' zu korrigiren, wie Polyb angiebt. 'ἐφεδρείαν' hat Campe[1] 'Nachhut' übersetzt und in einer Note erklärt, dass es bei Polyb nur die Bedeutung 'Reserve' hat; auch die Wörterbücher von Passow und Pape, welche Schweighäuser (Polyb) und Stephanus' Thesaurus in den Bedeutungen 'subsidium' und 'praesidium' folgen, stimmen damit überein. Wenn dies richtig

---

[1] Polyb. Übersetz. Stuttgart. 1861.

wäre, so würden wir eine merkwürdige Abweichung zwischen
Livius und Polyb haben. Aber alle früheren Übersetzer wie
auch Haakh[1]) haben so verstanden wie Livius. Lindauer[2])
dagegen hat alle seine Beispiele aus Schweighäuser genommen und diese spezielle Bedeutung übersehen. Die Übersetzung 'Vorhut' ist jedoch durch das begleitende Wort
προβαλόμενος' sicher gemacht und wir können mehrere andere
Beispiele bei Polyb nachweisen; vgl. 4, 78, 6 'ἐφεδρείας πρό
τούτων'; auch 5, 3, 2: 7, 17, 2; 10, 39, 1; 18, 22, 3; 8; 18,
20, 9: 36, 6, 1.

Die abweichenden Teile dieser vier Kapitel, ausgenommen 54, 2—3, haben kaum einen so bestimmten Charakter,
dass wir die Quellen auch nur vermuten können. Die Haupt-
merkmale sind Unfreundlichkeit gegen Sempronius und der
Wunsch durch ungünstige Witterung u. s. w. die römische
Niederlage zu erklären. Diese Züge passen ziemlich gut zu
allen römischen Quellen des Livius und es ist vergebens eine
Entscheidung zu suchen. In Kapitel 54, 2- 3 aber denke
ich den Einfluss des Coelius (bzw. Silen) zu sehen; erstens
ist 'singuli vobis novenos . . . eligite' richtig, während hier
Polyb jeden der 200 Ausgewählten noch 10 auswählen lässt,
obschon er nur 2000 als Gesammtzahl giebt; so geht auch
das bei Livius unverständliche 'ita praetorium missum'
schwerlich auf die Andeutung bei Polyb (3, 71, 5, κωνολο-
γηθείς Μάγωνι τάδελφῷ καὶ τοῖς συνέδροις) zurück, wohl aber
auf seine Quelle Silen, der einen ausführlicheren Bericht
gehabt haben wird.

Die zwei folgenden Kapitel (55—56) geben die Schlacht
selbst und hier ist viel weniger aus Polyb gezogen. Doch
dürfen wir 56, 2—3 (die Rettung der 10000) mit Polyb
74, 4—6 vergleichen; auch 55, 9 ist sicher von Polyb beeinflusst; denn Holzapfel[3]) hat unbedingt Recht, dass 'Νο-
μάδων' bei Polyb unpassend ist (die Hälfte dieser Truppen

---

[1]) Polyb. Stuttgart. 1862.
[2]) De Polybii vocabulis militaribus, p. 17.
[3]) N. Jahrb. Phil. 1895. S. 78.

waren Fusssoldaten, also nicht Numidier). Ob wir seine
Verbesserung 'λογαδων' annehmen oder nicht, jedenfalls bleibt
es sicher, dass Livius den Polyb hier benutzt hat. Der Fehler
ist so arg, dass wir ihn zwei unabhängigen Schriftstellern
nicht zuschreiben dürfen. In Kapitel 55 ist die Hauptab-
weichung von Polyb die Erzählung, wie die Elefanten, 'equis
maxime non visu modo sed odore insolito territis, fugam late
faciebant'. Gerade dieser Zug kommt im Appian Hann. 7
vor: 'οἱ 'Ρωμαίων ἵπποι τοὺς ἐλέφαντας, οὐ φέροντες αὐτῶν οὔτε
τὴν ὄψιν οὔτε τὴν ὀδμήν, ἔφευγον'. Auch den Angriff der Elefanten auf die Fusssoldaten und den mutigen Kampf der
Römer erzählt Appian in Übereinstimmung mit Livius. Hier
dürfen wir an keine andere als Appians annalistische Quelle
denken, welche sehr wahrscheinlich auch von Livius direkt
benutzt ist. Aber am Ende lässt Appian den Scipio als
Führer vortreten, der hier statt am Tessin verwundet wird.
Dies ist bloss eine Verwechselung, die aber auf Appians
Quelle zurückgeht. Wie ich in dem vorigen Kapitel gezeigt
habe, ist dieser Fehler mit Hilfe der Pliniusstelle wahrscheinlich auf Piso zurückzuführen. Auch Livius kannte
diese Quelle, obschon er hier den Fehler vermieden hat: vgl.
21, 57, 2 'duobus consulibus, duobus consularibus exercitibus
victis', und 21, 15, 4 'qui . . . alter ad Ticinum amnem,
ambo aliquanto post ad Trebiam pugnaverint'. Nepos hat
diesen Fehler zweimal (Hann. 4, 2 und 6, 2) aber ohne die
Verwundung. Alle diese Stellen deuten auf eine römische
Quelle und wir müssen dieselbe Quelle auch für Nepos annehmen, obschon er sie kaum direkt benutzt hat. Aber wir
können, denke ich, diesen Fehler bis auf seinen Ursprung zurückführen: denn Sil. Ital. lässt Scipio an der Schlacht teilnehmen;
vgl. 4, 698 Ac tandem a Trebia revocavit Scipio fessas
 Munitum in collem, Graccho comitante, cohortes[1]).

Hier bei einem Dichter haben wir dies nicht als einen
Fehler, sondern als eine Erfindung zu betrachten, welche für

---

[1] vgl. Schlichteisen a. a. O. S. 109; dazu Heynacher und Bauer
a. a. O.

einen Dichter recht gut passt. Als Quelle lässt sich kaum ein
anderer als Ennius vermuten, der so oft von Sil. Ital. benutzt wurde. Ja diese Annahme ist sogar notwendig, um
denselben Fehler, allerdings in einer Rede, bei Polyb zu erklären; vgl. 15, 11, 8 'τήν τε περί τόν Τρεβίαν ποταμόν μάχην
πρός τόν πατέρα τού νύν ήγουμένου (Africanus) Πομαίον [1]).
Auch den Ursprung der Erzählung von den Elefanten
müssen wir suchen: Soltau (Liv. Quellen III. Dekade, S. 54)[2])
sagt mit Recht: „Es möge beachtet werden, dass Pferde einen
Widerwillen gegen Kamele haben, nicht aber gegen Elefanten!" Er hätte weiter gehen können, weil wir wissen, dass
diese Geschichte zuerst von Kamelen erzählt wurde; vgl.
Herodot 1, 80, Xenophon Inst. Cyri 7, 1. 27[3]). Daher ist
sie auf die Elefanten übertragen, wo sie nicht selten vorkommt. So finden wir eine ähnliche Beschreibung bei Livius
30, 18, 7 und bei Appian Libyk. 11[4]). Richtig wäre es,
von dem Anblick oder der Stimme zu sprechen, da diese
sehr wohl Furcht einflössen könnten; vgl. Arist hist. ani-
mal. 4, 9, 9; 9, 2, 11; Plin. n. h. 8, 27. Ob Piso oder
ältere Annalisten diese Fabel in die römische Historiographie
hereinbrachten, können wir nicht entscheiden; doch scheint
keine der Stellen auf eine ältere Quelle zu deuten.

Kommen wir jetzt wieder auf Livius' Bericht zurück;
in Kapitel 55, 11 steht eine Erweiterung zu der Erzählung
des römischen Angriffs auf die Elefanten, welche bei Appian
sich nicht findet. Die Urquelle war Cato, wie Wölfflin
(Rh. Mus. 41, 155) durch Vergleich von frg. 139 'qua mol-
lissimum est adoriantur' mit Livius 'qua maxime molli cute'
beweist. Coelius war, wie an anderen Stellen, der Vermittler.
In Kapitel 56 erzählt Livius den kühnen Rückzug Scipios,
natürlich aus einer scipionischen Quelle, wie etwa Coelius.
Sicher war sie nicht Piso, der Scipios Thätigkeit anders

[1]) Für einen ähnlichen Fehler bei Orosius vgl. S. 21.
[2]) Anderer Meinung ist Hesselbarth S. 270.
[3]) vgl. Keller, Thiere des class. Alterthums. S. 27 für andere Stellen.
[4]) vgl. Lenz, Zoologie der alten Griechen und Römer, S. 160;
Wölfflin. Liv. z. St.

erzählte und an Fabius wäre es ebenso schwer zu denken; danach muss die Beschreibung dem Coelius oder der späteren Tradition angehören und ist nur als Phantasie zu betrachten[1]). Daraus den Schluss zu ziehen, dass die Schlacht auf dem rechten Ufer stattfand, wie Ihne[2]) thut, ist so verkehrt wie möglich Wir können ja nicht einmal beweisen, dass Coelius sie so erzählt hat, sondern dürfen eher vermuten, dass der Urheber dieses Berichtes in seiner geographischen Unkenntnis Placentia westlich von der Trebia dachte. Diese falsche Vorstellung konnte man leicht aus ungenauen Berichten bekommen. wie ein solcher auch dem Livius vorgeschwebt zu haben scheint: (vgl. 47, 3 und 8: 48, 4). 'Elephantos prope omnis absumpsit' sagt Livius § 6, wogegen Polyb 74, 11 alle ausser einem umkommen lässt. Das gleiche erzählt Zonaras 8, 24, dessen Angabe auf Polyb zurückgeht. Livius hat hier dieselbe Quelle benutzt wie in Kapitel 58, 11, wo er erzählt, dass noch sieben Elefanten umkommen. Es haben viele schon gesehen, dass dieser Bericht eine Fälschung ist, aber gerade wie er entstanden ist, ist meines Wissens noch nicht richtig erklärt. Hannibals Versuch die Appenninen zu überschreiten wird erzählt, eine sehr schön ausgemalte Beschreibung, welche man aber gleich mit Zonaras 8, 24, D identificieren kann, wo es heisst: 'Ἐς δὲ τὴν Τορσηνίδα τῷ Ἀννίβᾳ πορευομένῳ ὁ Λόγγος ἐπέθετο, χειμῶνος πολλοῦ γενομένου. πεσόντων δὲ ἀμφοτέροις πολλῶν ὁ Ἀννίβας ἐς τὴν Λιγυστικὴν ἐλθὼν ἐνδιέτριψεν'. Diese Erzählung dürfen wir vielleicht dem Coelius zuschreiben: jedenfalls ist die Quelle älter als Livius' Ausmalung, welche dann aus

---

[1]) vgl. Fuchs a. a. O. S. 109 ff., welcher will, dass Scipio die Lagerbesatzung zur Rettung der Flüchtlinge hinausführte, mit deren Hilfe die Überreste der Armee über den Fluss setzten, um das Lager zu erreichen, während die Punier wegen des Sturms die Verfolgung einstellten. Dann führte Scipio alle direkt nach Placentia. Um diese Erklärung durchzuführen, muss man trotz Fuchs eine Lücke bei Livius annehmen, wofür freilich die Erzählung, dass Scipio an der Schlacht teilnahm (vgl. oben S. 116) als Stütze dienen könnte. Mir aber erscheint diese Erklärung zu gewagt.

[2]) So auch F. Voigt a. a. O. S. 10; C. Schnelle, Progr. zu Hamm. 1865, S. 9 und andere.

Claudius oder Antias stammen konnte. Was den Ursprung
betrifft, so ist die bei Zon. erwähnte Schlacht eine Doublette
zu der Trebiaschlacht, doch aus dem an den Senat gesandten
falschen Berichte des Sempronius entstanden; vgl. Polyb
3, 75, 1 'ἔπεμψε τοὺς ἀπαγγελοῦντας ὅτι μάχης γενομένης τὴν νίκην
αὐτῶν ὁ χειμὼν ἀφείλετο' (so auch Plut. Fab. 3). Wir können
leicht denken, wie der fleissige Sammler Coelius diesen Bericht,
welcher wegen der Kalenderverschiebung etwa Februar
datiert sein musste, als eine zweite Schlacht auffasste und
mit einem Appenninen-Übergang verband[1]). Sempronius'
Bericht über sein erstes Treffen mit Hannibals Reiterei ist
nicht erhalten; doch wissen wir aus dem oben Erwähnten,
wie er lauten würde. Für solch, einen Bericht passt nun
vortrefflich Livius 21, 59 (Sempronius' Schlacht bei Placentia).
Die übertriebenen Zahlen ausgenommen, finden wir dieselben
Hauptzüge, wenn wir Polybs Bericht der wirklichen Schlacht
vergleichen. Nur am Ende ist eine kleine Abweichung zu
Gunsten der Römer; in der Schlacht wurden nach Polyb die
Römer zurückgetrieben; hier fangen sie an, sich zurück-
zuziehen, bevor Hannibal seinen letzten Angriff macht und
die Schlacht bleibt unentschieden. Besonders § 9 'quia
equestris ordinis aliquot et tribuni militum quinque et prae-
fecti sociorum tres sunt interfecti' passt vortrefflich in einen
Bericht des Feldherrn[2]).

Bevor wir zu dem nächsten Kapitel übergehen, ist es
nötig, eine Vorstellung zu gewinnen, wie viele Soldaten die
Römer noch in Gallia (cisalpina) hatten. Ich bin der Meinung,
dass der Verlust an der Trebia gewöhnlich zu hoch an-
geschlagen wird; denn Sempronius' erlogener Bericht, wenn
er nichts anders lehrt, beweist doch, dass der Konsul schon
eine starke Armee versammelt hatte und wenigstens für
Cremona und Placentia nicht fürchtete. Wir wissen aus

---

[1]) vgl. Sieglin, Rh. Mus. 38, S. 363; C. Peter, Römische Geschichte;
Cron, Blätt. f. Bay. Gymn. 1869, V, S. 107; Seeck, Hermes VIII, S. 152,
welche die Doublette erkannt haben.

[2]) Soltau, Progr. Zabern, 1894, S. 14, sieht hier eine Doublette
von Livius 21, 57, 12; aber es scheint mir nicht recht gut zu passen.

Polyb, dass die Kavallerie sich ziemlich unversehrt gerettet hatte und von den Fusssoldaten 10 000 in geschlossenem Zuge und viele andere einzeln als Versprengte Placentia erreichten. Dann retteten sich mehrere in das Lager, welche mit der Besatzung auch ein kleines Heer unter Scipio ausmachten. So dürfen wir die Geretteten etwa auf 25 000 bis 30 000 F. und 3000 bis 4000 R. rechnen. Von der Gesammtzahl 47 000 (vgl. oben S. 115) bleibt ein Verlust von etwas unter 15 000 [1]) übrig. Für andere Beweise vergleiche man Fuchs a. a. O. S. 119.

Um kurz diesen Abschnitt zusammenzufassen, können wir als sichere Quellen Polyb, Coelius, Piso und einen späteren Annalisten (Antias oder Claudius?) angeben. Ob die zweite Doublette (Kapitel 59) eben diesem Annalisten zuzuschreiben ist oder einem anderen, ist schwer zu sagen; aus einer späteren Quelle aber muss sie stammen, da Appian und Dio-Zonaras wie auch Polyb sie nicht kennen.

j. Die Schlacht am Trasumenischen See.

Gleich am Anfang des 22. Buches (1,3) finden wir die Erzählung von Hannibals Verkleidung, welche wörtlich aus Polyb 3, 78, 1—4 entnommen ist. Dio-Zonaras (8, 24, D) dagegen giebt etwas mehr, wie τὴν τε διάλεξιν ἄλλοτε ἄλλην ποιούμενος, ἤδει γὰρ πλείους καὶ τὴν τῶν Λατίνων, und ist deswegen wahrscheinlich aus Coelius abzuleiten, der so wie Polyb die Geschichte aus Silen entnahm. Appian (Hann. 6) giebt genau dasselbe wie Polyb, obwohl an falscher Stelle, so müssen wir hier auch, wie für die Truppenzahl früher (S. 83), den Polyb als Quelle annehmen. In dem folgenden Teil weicht Livius von Polyb gänzlich ab, indem er als Hauptquelle vielleicht den Coelius benutzte, doch ist der Einfluss der älteren Annalistik immer noch erkennbar. Der für uns wichtige Punkt ist die Truppenaushebung für das Jahr 217. Polyb (75, 5; 77, 1) lässt beide Konsuln neue Legionen aus-

---

[1]) Vielhaber a. a. O. S. 57 rechnet nur 10 000, allerdings mit einer kleineren Truppenzahl im Ganzen.

heben und von Rom aus nach Arctium resp. Ariminum marschieren. Ihm ist Dio-Zonaras (8, 25) gefolgt und Plutarch (Fab. 3) scheint auch von dieser Erfindung beeinflusst zu sein [1]. Polyb hat sicher nur das gewöhnliche Verfahren statt der vielleicht abweichenden Angaben seiner Quellen eingesetzt. Nun wenden wir uns zu Livius 21, 63, 1, wo Flaminius die in Placentia stehenden Legionen durchs Los bekommt und nach Ariminum gehen lässt; nach § 15 erhält er dort zwei Legionen von Sempronius und zwei von Atilius. Hierin besteht kein wirklicher Widerspruch mit der allerdings ungenauen Angabe in § 1, obschon beide von dem Bericht in Kapitel 59, 10 (Sempronius' Marsch nach Luca) abweichen, welchen wir, wie oben die Doubletten, dem Coelius und der späteren Annalistik zuschreiben. Ob wir nun diese Notizen in Kapitel 63 der älteren Annalistik zuteilen oder nicht, dürfen wir kaum an der Richtigkeit derselben zweifeln, obgleich Livius 63, 1 etwas ungenau ist. Sempronius ist nämlich in Placentia geblieben, bis er Flaminius' Befehl bekommen hat, alle Legionen (Scipios waren bekanntlich in Cremona) nach Ariminum zu führen. Manlius' Legion wird hier nicht erwähnt, verblieb aber als Besatzung entweder in Ariminum oder in anderen Orten Galliens, wenn sie überhaupt noch existierte. Die zwei von Atilius überkommenen Legionen waren die des Scipio, wie oben gesagt, und waren von Sempronius mit nach Ariminum geführt worden. Bei Appian finden wir einen ähnlichen Bericht; vgl. Hann. 8: Ῥωμαῖοι πυθόμενοι καὶ τρίτον ἤδη πταίοντες περὶ Πάδον . . . στρατιάν τε παρ' αὐτῶν ἄλλην κατέλεγον, σὺν τοῖς οὖσι περὶ τὸν Πάδον ὡς εἶναι τρισκαίδεκα τέλη. . . . ὧν ὁ μὲν Σερουΐλιος ἐπὶ τὸν Πάδον ἐπειχθεὶς τὴν στρατηγίαν ἐκδέχεται παρὰ τοῦ Σκιπίωνος'. Die Auslassung von Sempronius' Namen ist nur ein Flüchtigkeitsfehler, wie gleich vorher in § 7: 'ἐχείμαζον, Σκιπίων μὲν ἐν Κρεμῶνι καὶ Πλακεντίᾳ, 'Αννίβας δὲ περὶ Πάδον'. Dass Servilius statt Flaminius, wie Livius sagt, die alten Legionen erhält, ist sicher eine Verwechselung von Appian; der wichtige

---

[1] vgl. Hesselbarth S. 285 ff.

Punkt ist, dass er, so wie Livius, die alten von den neuen Legionen trennt. Ihne (Röm. Gesch. II, 192) hat sich viel Mühe gegeben, Appians 13 Legionen zu erklären; er hat aber den Appian selbst nicht dazu benutzt, der unter diesen 13 die neue Legion mitzählt, welche spät im Sommer nach dem Anfang von Fabius' Diktatur nach Spanien[1]) geschickt wurde. So muss er auch Fabius' zwei Legionen mitgezählt haben und es ist nicht nötig, mit Vielhaber (S. 33) und anderen vier neue Legionen gleich im Frühling anzunehmen. Nach Appian bestanden 6 alte Legionen (5 in Gallien, 1 in Spanien), während von den neuen zwei den Konsuln gegeben und je eine nach Spanien, Sardinien und Sicilien geschickt wurden. Nach Tarent schickte Appian keine und wir haben kein Recht, aus Polyb 3, 75, 4 eine andere Legion zu vermuten. Die zwei Legionen des Fabius machen die Zahl richtig; d. h. für das ganze Jahr 13 Legionen, die freilich nicht alle zu derselben Zeit existierten. Gleich danach giebt Appian die Zahl von Flaminius' Truppen, 30 000 + 3000, und in § 10 40 000 Mann für Servilius; die erste Zahl passt ungefähr für die vier alten Legionen, wie wir schon gesehen haben, aber Servilius' Armee ist viel zu hoch gerechnet. Ich möchte daher vermuten, dass Appian die zwei Legionen des Fabius hier auch miteingerechnet hat.

Versuchen wir nun den Bericht des Livius auf seine Quellen zu verteilen: 22, 2, 2—4 ist aus Polyb 3, 78, 6—79, 4 ausser dem Zusatz 'qua fluvius Arnus per eos dies solito magis inundaverat', welcher gut genug ist, um aus einer alten Quelle zu stammen. So scheint die Übertreibung der Schwierigkeiten des Marsches (§ 5—6) durch Vermittlung des Coelius auf den Augenzeugen Silen zurückzugehen. Dann ist 2, 7 – 3, 3 beinahe wörtlich aus Polyb 79, 10—80, 3, obschon 'ex verna intemperie variante calores frigoraque' (§ 10) und 'vigiliis tamen et nocturno umore palustrique caelo gravante caput' (§ 11) auf dieselbe zweite Quelle zu deuten scheinen. Dagegen scheint 'Etrusci campi, qui Faesulas

---

[1]) vgl. Polyb 3, 97, 1; Livius 22, 22, 1.

inter Aretiumque iacent' (3,3) ein Fehler zu sein, den Livius selbst gemacht hat; desgleichen § 6, 'laeva relicto hoste Faesulas petens'. Der Rest des Kapitels ist freier kombiniert, doch erkennen wir Polybs Einfluss: vgl. § 5 'ferociter omnia ac praepropere acturum' mit 82, 2 'μετέωρος ἦν ὁ Φλα- μίνιος καὶ θυμοῦ πλήρης; § 7 'suum id decus ratus' mit § 3 'ἑαυτὸν ἡγούμενος τὸ γινόμενον: und § 8 (den Plan, welchem Flaminius hätte folgen sollen) mit 82, 4 bei Polyb¹). §§ 11 14 sind aus Coelius entnommen: vgl. Cicero de div. I, 35, 77²); aber 'conversus ad nuntium 'Num litteras quoque' inquit 'ab senatu adfers, quae me rem gerere vetent?' bei Livius stammt aus einer anderen, dem Flaminius feindlichen Quelle, wenn nicht Livius den Zusatz gemacht hat. Kapitel 4, 1—3 (Hannibals Truppenaufstellung) ist aus Polyb 82, 9—83, 4¹). Da es hier ganz unmöglich ist, eine zweite Quelle zu erkennen, bleibt Polyb der einzige Gewährsmann für die Beschreibung des Schlachtfeldes. Daher dürfen wir nicht den Livius vorziehen, obschon seine Ungenauigkeit sich jeder Gegend besser anpassen lässt.

Nun folgt die eigentliche Schlachtbeschreibung, wo wir kaum die verschiedenen Quellen so genau begrenzen können.³) Kapitel 4, 4 6 (Flaminius' Marsch nach dem Schlachtfelde und der Anfang der Schlacht) ist stark von Polyb 83, 6—84, 1 beeinflusst; auch 6, 8 (das Durchbrechen der 6000) ist aus Polyb (84, 11—12); das Folgende aber nicht. Daher dürfen wir nicht Polyb 3, 84, 14 'Ἰβήρων' mit Wölfflin (Liv. z. St.) in 'ἱππέων' korrigieren. Vollständige Übereinstimmung wird dadurch nicht erzielt, da Polyb auch die 'λογχοφόρους' als einen Teil von Maharbals Truppen erwähnt. Der Grund der Abweichung liegt in der römischen Übertreibung, dass die 6000 rasch fortgelaufen seien, um sich dem Vaterlande aufzubewahren: vgl. Liv. 22, 6, 10, 'sublatis raptim signis quam citatissimo poterant agmine sese abripuerunt, postero

¹) vgl. Peter, Liv. u. Polyb. S. 31 ff.
²) vgl. Wölfflin, Coelius Antipater.
³) Böttcher S. 116 sieht sogar einen einheitlichen Bericht hier.

die . . . .', wogegen Polyb (3, 84, 13) ἀπεχώρησαν εἴς τινα
κώμην Τορρηνδά' hat. Um diese nach der Vaterstadt laufenden
Patrioten einzuholen, war es nötig, die Reiterei zu benutzen,
wie ein erfinderischer Annalist gleich die Übertreibung vervollständigt hat. Es darf hier nicht befremden, dass Maharbal
bei Polyb Fusssoldaten anführt; dies hat er öfter gethan;
vgl. Livius 21, 12, 1: 23, 18, 4: und dazu unten S. 140 den
Nachweis, dass Livius mit Unrecht ihn 'praefectus equitum'
genannt hat.

Coelius (bei Cicero de div. 1, 35, 78) ist schon längst
als Quelle für das Erdbeben (5, 8) bewiesen. Dasselbe giebt
Plinius n. h. 2, 200 scheinbar etwas erweitert: doch ist es
keineswegs notwendig, den ganzen Satz derselben Quelle zuzuschreiben. Coelius ist unter den Quellen für dieses Buch
angegeben, wieder ein Beweis, dass Plinius in seinem Quellen-
verzeichnis zuverlässig ist. Bei Livius erstreckt sich Coelius'
Einfluss über das Folgende (6, 1), wo dieselbe Dauer der
Schlacht, welche Cicero hat, angegeben wird.

Neben Polyb und Coelius können wir noch eine Quelle
konstatieren, die dem Flaminius etwas freundlicher war: auch
kannte diese Quelle den Nebel nicht; vgl. 5, 1 — 2 und 6, 3—4.
Dieselben Eigentümlichkeiten kommen bei Appian Hann. 9
vor; so ist die Quelle ein älterer Annalist (Piso?). Den
Coelius werden wir auf der entgegengesetzten Parteistellung
suchen müssen, weil er in dem Fragmente bei Cicero dem
Flaminius unfreundlich erscheint. In Verbindung mit dieser
Anschauung des Coelius finden wir die römischen Soldaten
als ganz unbeholfen dargestellt, was auf Silens Einfluss deuten
könnte. Eine solche Anschauung ist bei Livius in Kapitel
4, 7: 5, 3 und 7; 6, 5—7 erkennbar. In dem letzten Abschnitt ist Polyb[1]) auch herangezogen, der überhaupt dieser
Quelle ziemlich nahe steht. Dass aber dies eine römische
Quelle war, beweist Ennius Ann. 7, 10 (Müller). Das
Fragment ist in das achte Buch zu setzen, wo es zu der

---

[1]) vgl. Peter a. a. O. S. 33.

Schlacht am Trasumenischen See gehörte; vgl. Ennius, 'Alter
mare cupit, alter pugnare paratust' mit Livius 22, 6, 6 'fuere
quos inconsulatus favor nando etiam capessere fugam impulerit'.
Da es sich hier nicht um eine bloss stilistische Anlehnung,
sondern um eine historische Thatsache handelt, werden wir
nicht an eine direkte Benutzung des Ennius durch Livius
denken, sondern an eine Mittelquelle und zwar an Coelius,
wie Fronto zeigt (ad M. Caes. 4, 3 S. 62 'Ennium studiose
aemulatus L. Coelius'), obschon die Annalisten den Dichter
nicht weniger ausgebeutet haben (vgl. oben S. 64 für Claudius).
In dem Folgenden (6, 11) scheint Livius wieder auf Appians
Quelle zurückzukommen; vgl. 'abire cum singulis vestimentis
passurum' und Hann. 10 'λαβὼν ἦγεν αὐτοὺς πρὸς τὸν Ἀννίβαν
γυμνούς. Appians Mitteilung beruht sicher auf einem Missverständnis, aber das Wort 'γυμνούς' zeigt, dass die Erzählung
in seiner Quelle stand. In § 12 aber denke ich nochmals
Coelius zu finden. Vergleichen wir erst Polyb 82, 8 'τηλι-
κοῦτον γὰρ προανεβεβλήκει κατελπισμὸν τοῖς ὄχλοις ὥστε πλείους
εἶναι τῶν τὰ ὅπλα φερόντων τοὺς ἐκτὸς παρεπομένους τῆς ὠφελείας
χάριν, κομίζοντας ἁλύσεις καὶ πέδας καὶ πᾶσαν τὴν τοιαύτην παρα-
σκευήν'. Dies hat Polyb nicht selbst erfunden und es muss
eine sehr beliebte Quelle gewesen sein, welche ihn so verleiten konnte. Vollmer (S. 17) hat auf Diodorus Siculus 20, 13
verwiesen, eine Erzählung, welche er merkwürdiger Weise
für wahr hält. Der Erfinder war Herodot, daher dürfen wir
nicht zu grosses Gewicht selbst auf die Wahrheit des ersten
Falles legen: vgl. 1, 66. οἱ δὲ πέδας φερόμενοι ἐπὶ Τεγεήτας
ἐστρατεύοντο. . . . . ἐσσωθέντες δὲ τῇ συμβολῇ, ὅσοι αὐτῶν ἐζω-
γρήθησαν, πέδας τε ἔχοντες τὰς ἐφέροντο αὐτοὶ καὶ σχοίνῳ διαμε-
τρησάμενοι τὸ πεδίον τὸ Τεγεητέων ἐργάζοντο'. Diodor hat auch
den tragischen Schluss beibehalten, als er die Erzählung
auf die Karthager übertrug und, obschon dieser bei Polyb
fehlt, beweist doch unsere Livius-Stelle (quae Punica religione
servata fides ab Hannibale est, atque in vincula omnes
coniecti). dass die gemeinsame Urquelle beider die ganze
Geschichte entlehnt hat. Unter den Nachfolgern dieser
Urquelle aber hat Polyb nur die erste Hälfte übernommen.

während Coelius[1]) nur den Schluss benutzte, um Hannibals Grausamkeit zu zeigen. Als Quelle für Polyb und Coelius müssen wir den Silen annehmen, wie öfter gezeigt.

Noch einmal ist Polyb hier durch diese Quelle verleitet worden; vgl. 84, 10 ‛ἐξαίροντες τὰς χεῖρας καὶ δεόμενοι ζωγρεῖν καὶ πᾶσαν προϊέμενοι φωνὴν τὸ τελευταῖον οἱ μὲν ὑπὸ τῶν πολεμίων, τινὲς δὲ παρακαλέσαντες αὐτοὺς διεφθάρησαν’. Dies steht deutlich im Widerspruch mit Polybs Zahlangabe der 15 000 Gefangenen. Auch scheint dieses Bitten mit erhobenen Händen nicht recht für römische Soldaten zu passen, obschon ein Augenzeuge, wie Silen, die von den Soldaten im Ertrinken erhobenen Hände sehr leicht so deuten konnte. Dieses Zeichen des Ergebens war den Griechen bekannt, obwohl der Ursprung barbarisch scheint: vgl. Herod. 4, 136; 7, 233: Polyb 15, 31, 13[2]). Viel deutlicher ist Hieronymus adv. Lucif. (Migne 23, 168) ‛En tollo manus, cedo, vicisti’.

Ganz am Ende der Schlachtbeschreibung bei Livius kommt eine Stelle, welche wir ziemlich sicher der älteren Annalistik zuschreiben können; vgl. 7, 13 ‛alteram, cui mors filii falso nuntiata erat, maestam sedentem domi ad primum conspectum redeuntis [filii] gaudio nimio exanimatam’. Schon sehr früh wurde dieses Ereignis auf Cannae als eine grössere Niederlage übertragen; doch passt sie dort weniger gut, weil die Flüchtlinge nicht nach Rom entkamen: dieser Bericht, auf Cannae übertragen, ist an zwei Stellen erhalten; Plin. n. h. 7, 180 ‛gaudio obiere . . . . mater illa Cannensi filio incolumi reviso contra nuntium falsum’. und Aul. Gell. N. A. 3, 15, 4 ‛Praeterea in nostris annalibus scriptum legimus, qua tempestate apud Cannas exercitus populi Romani caesus est, anum matrem nuntio de morte filii allato, luctu atque maerore affectam esse; sed is nuntius non verus fuit atque is adulescens non diu post ex ea pugna in urbem redit, anus repente filio viso copia atque turba et quasi ruina incidentis

---

[1]) Einen weiteren Beweis der Benutzung des Coelius bietet Zonaras 8, 25, der an dieser Stelle dem Livius ähnlich ist.

[2]) Andere Beispiele bei Sittl, Gebärden der Griechen und Römer, S. 148.

inopinati gaudii oppressa exanimataque est'. Plinius citiert
als Quellen für das siebente Buch nur zwei Annalisten,
Cn. Gellius und Fabius Vestalis. Von dem letzteren wissen
wir gar nichts und er ist nie von Gellius benutzt: Cn. Gellius
dagegen ist zweimal von seinem Namensvetter citiert und ich
möchte vermuten, dass 'in nostris annalibus' an dieser Stelle
eine Anspielung auf den gleichen Namen ist: jedenfalls
müssen wir das Fragment ihm zuteilen. Daher wird die
richtige Angabe noch älter sein und, weil Fabius Pictor eben
hier (22, 7, 4) citiert ist. haben wir keine andere Wahl, als
die Notiz ihm zuzuschreiben.

Fassen wir unser Resultat kurz zusammen; die Quellen
des Livius in diesem Abschnitt, geordnet nach dem Umfang
der Benutzung, sind Polyb, Coelius, Appians Quelle (Piso?),
ein späterer Annalist (vgl. S. 124) und Fabius. Bei Appian
dürfen wir die 10 000 Gefangenen nicht seiner Quelle zuschreiben, weil er selbst das Durchbrechen der 10 000 von
der Trebia hierher übertragen hat, wodurch er die grössere
Zahl der Gefangenen bekam; daher hat er dieses Ereignis
an der Trebia ganz übergangen. Dagegen muss Appians
Verwechselung der zwei Centenii (Hann. 11) auf seine Quelle
zurückgehen (vgl. Nepos Hann. 4. 3 und oben S. 110): Cassius
Dio (Zonaras 8, 25) aber scheint den Fehler erst aus Appian
genommen zu haben, wie er auch Appian Hann. 41 hierher
übertrug, um seine Beschreibung der Trasumenischen Schlacht
auszustatten.[1])

k. Vom Trasumenischen See bis Cannae.

In Kapitel 19 bis 22 sind die Ereignisse in Spanien
erzählt, wofür Polyb sicher benutzt wurde. wie die Zusammenstellungen von Peter (S. 39 ff.) gezeigt haben. Böttcher
(S. 424) dagegen hat die Abweichungen betont. und so viel
können wir ihm zugeben, dass eine zweite Quelle notwendig
ist. Mit seinem Hinweis auf die Wachttürme bei Plinius n. h.

[1]) vgl. oben S. 96.

2, 181 hat Wölfflin[1]) den Coelius als zweite Quelle wahrscheinlich gemacht, obschon Plinius auch den Antias in diesem
Buche benutzt hat: so muss es zweifelhaft bleiben, welcher
von den zweien die Quelle war. Soltau[2]) aber findet Claudius
als Quelle hier und citiert als Beweis dafür Liv. 29, 27, wo
angeblich Wachttürme vorkommen und Claudius die Quelle
sein soll: doch sind die Türme nicht erwähnt und Beweise,
dass Claudius dort benutzt ist, liegen auch nicht vor. Vielleicht wollte er Liv. 25, 36, 13 citieren, wo ein Turm zwar
erwähnt ist, obschon wir nicht wissen, dass ein Wachtturm
gemeint ist, und wo die Quelle unsicher bleibt (vielleicht
Piso?).

Wir haben noch eine grosse (?) Schwierigkeit zu beseitigen;
Nissen[3]) und Nitzsch[4]) behaupten, dass Livius das polybianische
'ναὸς καταφράκτοι' immer 'naves tectae' oder 'constratae' übersetzt hat. Daher könne er den Polyb in der dritten Dekade
nicht benutzt haben. Hier ist die Schwierigkeit besonders
gross, weil Polyb gerade an dieser Stelle (3, 95, 2) 'ναυσὶ
καταφράκτοις' hat und Livius (22, 19, 3) nur 'navium' in seiner
Übersetzung giebt. Die Thatsache, dass Livius den Ausdruck
naves tectae für Griechenland betreffende Ereignisse oft, für
Italien, Africa und Spanien betreffende dagegen niemals benutzt
hat, wird man nicht leugnen, aber der Grund ist ein anderer.
Sollten wir zum Beispiel vermuten, dass Caesar griechische
Quellen in dem 'bellum civile' benutzt hat, weil er in dem
'bellum Gallicum' niemals, in dem 'bellum civile' oft 'naves
tectae', 'constratae' oder 'apertae' geschrieben hat? (vgl. b. c.
1, 56, 1; 2, 23, 3; 3, 7, 2; 15, 4; 27, 2; 101, 1; 111, 3;) Nein,
vielmehr sind die Bezeichnungen tectae, constratae und apertae
benutzt, um die verschiedenen Arten der griechischen Schiffe
zu unterscheiden; die Römer aber und Karthager hatten
diesen Unterschied in ihren Kriegsschiffen nicht. So finden
wir in der 4. und 5. Dekade 'naves tectae' von römischen

---

[1]) Hermes 9, S. 122.
[2]) Progr. Zabern, 1894, S. 9; III. Dekade, S. 85.
[3]) Krit. Unters., S. 109.
[4]) Röm. Annal., S. 18.

Schiffen benutzt nur im Gegensatz zu den 'apertae' der
Bundesgenossen. 'Naves longae' ist in der 4. Dekade, wie
überall, als Gegensatz zu 'naves onerariae' benutzt, doch viel
häufiger steht 'naves' allein. Wenn sonach Nissen behauptet,
'naves longae' bedeute für die griechischen Abschnitte triremes,
so ist dies falsch. 'Naves longae' kann natürlich für alle
Kriegsschiffe stehen und an eine nähere Bezeichnung hat
Livius nicht gedacht[1]).

Sehr bezeichnend für Appians Quelle ist sein Bericht
über diese Feldzüge; zwei Zeilen nämlich genügen, (n. Scipios
ganze Thätigkeit zu erzählen; vgl. Iber. 15 'Γναίος δὲ οὐδέν,
ὅτι καὶ εἰπεῖν, ἔπραξεν ἐν τοῖς Ἴβηρσι, πρὶν αὐτῷ Ποπλίον τὸν ἀδελ-
φὸν ἐπανελθεῖν'. Das passt vielleicht für einen Auszug aus
der älteren Annalistik, aber durchaus nicht für Coelius oder
die späteren Annalisten, welche die Thaten der Scipionen
so übertrieben hatten. Sogleich nachher (Kapitel 16 am Ende)
giebt Appian denselben Bericht über den Tod der Scipionen,
welchen Livius (25, 36, 13) als einen abweichenden citiert.
Das folgende Citat (25, 39, 15) aus Piso passt genau in dieses
Gemälde, da es leicht verständlich ist, wie die Römer einen
kleinen Sieg gewinnen konnten, nachdem sie vorher nur ihre
Feldherren und ein paar Soldaten verloren hatten, während
die jüngere Tradition uns glauben machen will, dass die Römer
mit den geringen Resten zweier fast vernichteter Heere einen
glänzenden Revanchesieg über die Punier erfochten. Das für
uns Wichtige aber ist, dass Livius den bei Appian stehenden
Bericht erwähnt und gleich nachher den Piso citiert

Für diese spanischen Ereignisse stimmt Dio-Zonaras
meistenteils mit Livius, den er benutzt zu haben scheint, obgleich Posner[2]) nur Coelius und freie Zusätze aus Dios eigener
Erfindung hier sieht; für das letztere citiert er (9, 1) 'ἰσοπαλῶς
γάρ ἀγωνιζομένων τά ἱστία τῶν νεῶν ὑπετέμετο, ὅπως ἀπογνόντες

---

[1]) Wie allgemein der Begriff ist, zeigt die Benutzung von 'ceteris'
bei Cicero ad Att. 6, 8, 4, 'aphractis ceterisque longis navibus', da
der seltenere Gebrauch von ceteris „und die übrigen, nämlich die
naves longae", hier unstatthaft ist.
   [2]) a. a. O.

προθυμότερον ἀγωνίσονται'; aber die Erfindung ist nicht so dumm, obschon sie besser für die Karthager als für die Römer passt; vgl. Polyb 1. 61, 1 Καρχηδόνιοι . . . τοὺς ἱστοὺς καὶ παρακαλέσαντες κατὰ ναῦν σφὰς αὐτούς, συνέβαλον τοῖς ὑπεναντίοις. § 7. τὸ δὲ λοιπὸν πλῆθος ἐπαράμενον τοὺς ἱστοὺς καὶ κατουρῶσαν αὖθις ἀπεχώρει. Vielleicht dürfen wir wirklich die Stelle bei Dio-Zonaras dem Coelius bezw. Silen zuschreiben; jedenfalls scheint sie unter karthagischem Einfluss entstanden zu sein.

In seiner Beschreibung von Bostars Verrat (22, 22) hat Livius den Polyb mit anderen Quellen ziemlich frei kombiniert; weil aber die Nebenquellen nicht festzustellen sind, muss die blosse Erwähnung hier genügen. Auch Minucius' Schlachten gegen Hannibal (22, 23—28) geben keine Gelegenheit, die anderen Quellen zu erforschen, obschon der Bericht an inneren Widersprüchen leidet; vgl. 22, 23, 9 'Gereoni . . . urbis captae atque incensae' mit 22, 18, 7 'Gereonium pervenit. urbem metu . . . ab suis desertam'.

Doch muss ich hier noch ein Mal gegen Nitzsch[1]) die direkte Benutzung des Polyb verteidigen. Weil Livius (22, 24, 4) das Urteil 'quod minime quis crederet' mit einer polybianischen Angabe (3, 100, 6 Hannibal schickt zwei drittel seiner Soldaten, um Futter zu holen) verbunden hat, behauptet Nitzsch, dass Livius Polybs Erklärung (101, 10) nicht gekannt haben kann, und dass wir deswegen eine vermittelnde Quelle annehmen müssen. Ich habe schon in der Einleitung darauf aufmerksam gemacht, dass dies keine Schwierigkeit ergiebt, da Livius seine Quellen durch Excerpte benutzt haben kann. Hier aber ist diese Annahme nicht einmal nötig, weil Polybs Erklärung sich auf Hannibals folgende Anordnungen bezieht, welche bei Livius überhaupt nicht berichtet werden. Nach Polyb hat Hannibal, als er zuerst dem Minucius gegenüber stand, nur ⅓ seiner Truppen ausgeschickt (3, 101, 4); später aber (§ 9) schickte er noch mehr fort, um das Vieh zu weiden und eine noch grössere Zahl, um zu fouragieren. Darauf folgt die Erklärung. warum Hannibal sich so beeilte, seine

---

¹) Röm. Annal., S. 15.

Armee zu verproviantieren. Zwar hatte Hannibal auch nach
Polyb zwei drittel seiner Soldaten zum Fouragieren ausgesandt,
aber nur bevor Minucius in der Nähe war. Erst nachdem
Livius diese Angabe an falsche Stelle gesetzt oder vielleicht
diesen Irrtum aus einer anderen Quelle übernommen hat,
spricht er seinen Zweifel daran aus.

1. Die Schlacht bei Cannae.

Hier brauche ich kaum zu bemerken, dass Livius seine
Quellen kombiniert hat, da die Widersprüche allein in seiner
Darstellung ausreichen, dies unwiderleglich zu beweisen. Aber
nicht nur Livius, sondern nicht weniger die anderen Historiker
haben ihre Quellen frei zusammengearbeitet und uns zum
grössten Teil ohne Citate gelassen. Diese Schlacht war schon
unter den ältesten Annalisten ein Hauptstück in der Darstellung und bot reichen Stoff für Veränderung, Vermehrung
und Erfindung dar; ja, Auslassungen spielten auch eine grosse
Rolle bei den vielfachen Versuchen, die römische Niederlage
zu erklären. Zunächst muss man die römischen Truppen
vermindert haben, da wir gerade hierin Widersprüche finden,
welche auf die ältesten Quellen zurückreichen. Livius (22,
36) giebt uns drei Berichte, doch ohne seine Gewährsmänner
zu nennen; 1) vier Legionen und dazu 10000 neuausgehobene
Soldaten; 2) acht Legionen; 3) acht Legionen, jede zu
5000 F. 300 R., während die Bundesgenossen dieselbe Zahl
Fusssoldaten aber doppelt so viel Reiter stellten. Die letzte
Zahl hat Polyb 3, 107, 10—15, der ohne Zweifel die Quelle
für die 3. Angabe gewesen ist, weil Livius genau denselben
Fehler (dass eine Legion regelmässig damals noch nur 200
Reiter gehabt habe) macht: doch zeigt Livius 8, 8, 14 deutlich
genug, dass die Zahl 300 schon früher die gewöhnliche war.
Obschon Polyb 6, 20, 9 seinen Fehler wiederholt hat, können
wir dagegen auf seine eigenen Zahlangaben bei Schlachten
verweisen, wo die kleine Zahl von 200 Reitern in jeder
Legion niemals ausreicht. So darf man auch nach Polyb den
Schluss ziehen, dass die Vermehrung von 200 auf 300 viel

früher stattfand. Polybs zweiten Fehler, dass die Bundesgenossen dreimal so viel Reiter stellten, hat Livius in 'duplicem
numerum equitem' korrigiert. Polybs Angabe hätte die unmögliche Zahl von 9600 R. gegeben, doch kennt er später,
wie alle andere Historiker, nur 6000. Das ganze Kapitel
(Polyb 3, 107) ist daher nur ein etwas verfehlter Überblick
von Polyb selbst: so ist die Übertragung der 200 Reiter aus
älterer Zeit erklärlich und auch sein 'τριπλάσιον' ist nicht ohne
Beispiel; vgl. Liv. 21, 17, 5, wo Sempronius 1800 bundes-
genössische neben 600 römischen Reitern hat.

Livius' zweite Variante deutet auf 72000 F. und 6400 R.,
aber wegen des Ausdrucks 'in supplementum' müssen wir die
alten Legionen uns als etwas geschwächt denken. Die Schlachten
bei Gereonium und die kleineren Gefechte kosteten sicher
mehrere Tausende: so konnten von den ungefähr 40000 Mann [1])
des Fabius kaum mehr als 30000 vorhanden sein. So passt
diese zweite Angabe nicht genau zu Appians 70000 F.
und 6000 R. (Hann. 17), der eher 4 neue Legionen von 5000 F.
und 300 resp. 600 R. jede gedacht haben muss.

Livius' erste Variante ist noch interessanter, weil etwas
Wahrheit in der Angabe über die neuausgehobenen 10000
stecken muss; auch Polyb scheint sie gekannt zu haben, da
die 10000 Mann, welche er als Lagerbesatzung verwendet,
nicht nur unwahrscheinlich, sondern auch den anderen Quellen
ganz fremd sind. Dass Polyb diese 10000 als Zusatz zu den
8 Legionen dachte, beweisen die Verlustangaben trotz aller
Versuche, sie zu ändern. Es heisst nämlich 3, 117, 3 'ἐκ δὲ
τῶν πεζῶν μαχόμενοι μὲν ἑάλωσαν εἰς μυρίους' und diese sind
ohne Zweifel in der Schlacht gefangen [2]), obschon Livius
(22, 49, 18) nur 3000, Plutarch (Fab. 16) 4000 und Appian
(Hann. 25) 'πολὺ πλῆθος' als die Zahl der in der Schlacht
gefangenen Fusssoldaten angeben. Es macht nichts, wie wir
Polybs folgende Worte 'οἱ δ' ἐκτὸς ὄντες τῆς μάχης' erklären,

---

[1]) Nach unserer Vermutung, dass Appian die Zahl der Truppen
für Servilius und Fabius verwechselt hat. Grösser war die Zahl
nicht, da Fabius nur 4 Legionen hatte.

[2]) vgl. Böttcher, S. 438.

da die erste Hälfte des Satzes sicher ist und der Zusatz nur diejenigen stört, welche bloss das, was ihre subjective Ansicht ist, bei Polyb finden wollen. Halten wir uns dann an Polyb ohne zu korrigieren, so war der Verlust in der Schlacht 70000 Tote und 10000 Gefangene; dazu kommen die 2000 Toten und 8000 Gefangenen, welche als Lagerbesatzung gedient hatten. Von den Reitern wurden 2000 gefangen, während nur 370 sich retteten. So war der Gesammtverlust 92000; die 3370 Geretteten dazu addiert giebt 95370 als Zahl der römischen Truppen. In der Zahl 70000 liegt nicht die Schwierigkeit, welche Hultsch[1]) zu finden glaubt, weil die Gesammtzahl der Gefallenen, sowohl Reiter wie Fuss-soldaten gegeben ist, wie 'οἱ δὲ λοιποὶ πάντες' im Gegensatz sowohl zu 'τῶν ἱππέων' wie auch zu 'τῶν πεζῶν' zeigt. Nun passt mit dieser Zahl genau die Angabe bei Polyb 113, 5, dass 86000 Mann in der Schlachtreihe standen und 117, 8, dass 10000 Mann in dem Lager zurückgelassen wurden. Danach hat Polyb eine Kombination der Angaben, welche als Variante 1 und 3 bei Livius erscheinen, gemacht. Auch Plutarchs (Fab. 14) 92000 sind in ähnlicher Weise zu erklären: 4 regelmässige Legionen, 36000: 4 verstärkte, 40000; Reiter, 6000; Lagerbesatzung, 10000. Wenn wir nun versuchen, die richtige Zahl herauszufinden, müssen wir alle Varianten beachten: dann ist die Antwort nicht so schwierig. Die 10000 dürfen wir als das erste Aufgebot erklären, das be-stimmt war, die 4 alten Legionen bis zu der ursprünglichen Zahl zu verstärken; dann werden 4 neue Legionen zu 5000 + 5000 jede ausgehoben. So haben wir mit Zurechnung der 6000 Reiter eine Gesammtzahl von 82000 Mann, wie eine von Plutarchs Quellen sicher gegeben hat; doch hat er sich durch Polyb verleiten lassen, diese Zahl um 10000 (Lager-besatzung) zu vermehren. Aber nicht nur Plutarch, sondern Livius auch scheint an diese Zahl 82000 gedacht zu haben, wenn er schrieb 22, 41, 5 'duas prope partes tironum militum in exercitu esse': denn dies passt nur, wenn er 53000 Rekruten

1) Polyb. Praef., S. 70.

und 82000 im Ganzen denkt. Denkt er aber an die polybianische
Angabe dabei, so wäre das 'prope' nicht nötig; ja, in einem
Satze, wo wir Übertreibung erwarten, gar nicht passend, da
es dann 63000 Rekruten, d. h. fast genau zwei drittel von
96000 waren.

Wir haben eben gesehen, dass Polyb die Gefangenen auf
20000 berechnete; nach Ihne[1]) soll Livius dieselbe Zahl gegeben haben, wo aber Ihne das zu finden meint, ist nicht
klar. Nur 17000 Mann nämlich retteten sich (22, 49, 13) in
die beiden Lager, von wo etwa 10000 nach Canusium entkamen (vgl. 50, 11; 52, 4; 54, 4); von beiden Lagern also wurden
etwa 7000 gefangen; dazu kommen die 2000 in Cannae und
die 4500 in der Schlacht Gefangenen, d. h. circa 13500 im
Ganzen. Zwei noch kleinere Zahlen giebt Livius an anderen
Stellen; in Kapitel 59, 12 etwas über 8000, in Kapitel 60, 19
unter 7000; an der letzteren Stelle scheint er nur an die in
dem kleinen Lager Gefangenen zu denken.

Irre leitend ist auch Ihnes Angabe, dass 'Dionysius Hal.
2, 17, 4 mehr mit Polyb als mit Livius übereinstimmt'. Wenn er
den Polyb genau wiedergegeben hätte, hätte er bemerkt, dass
jede Zahl bei Dionysius aus Polyb abgeschrieben ist. Ebenso
verfehlt ist jeder Versuch, Livius' Verlustangaben mit der
Truppenzahl bei ihm selbst oder bei Polyb in Übereinstimmung
zu bringen. Passend ist nur der Vergleich zwischen Livius
und Appian, obschon hier auch eine kleine Abweichung vorhanden ist. Doch kann Livius Appians Quelle für die Ziffern
45500 + 2700 (49, 15) nicht benutzt haben, weil er sie vielmehr 59, 5 benutzt hat, wo er übereinstimmend mit Appian
50000 Gefallene nennt, und die über 8000 Gefangenen (59, 12)
jedenfalls besser zu Appians Quelle als zu Livius selbst passen.
Die Verlustangabe bei Eutrop passt ziemlich gut zu Livius'
kleinster Truppenzahl (erste Variante), jedoch ist darin die
Zahl der gefallenen Reiter 3500 verdächtig hoch. Wahrscheinlich hat Eutrops Quelle nur die Gesamtzahl 40000
gehabt, während er selbst die 3500 Reiter hinzufügte um der

---

[1]) Röm. Geschichte, II, S. 226.

Zahl 14000 der Epitome näherzukommen (vgl. oben S. 23).
Diese Quelle muss, wie Livius (60, 19), weniger als 7000 Gefangene gegeben haben und Polybs 3370 Gerettete passen
gut zu solch einer Quelle, wiewohl sie die nach Venusia
Geretteten anzudeuten scheinen. Nochmals in Kapitel 54, 9
scheint Livius diese Quelle benutzt zu haben; vgl. 'duo
consulares exercitus amissi'; doch könnte man dies auch so
erklären, dass nur die Niederlage der zwei Konsuln gemeint
ist. Wir haben oben S. 109 gesehen, dass Eutrops Zahlen
eventuell auf Cincius zurückgehen und so könnten wir auch
diesmal erklären. Danach hat Polyb einige Zahlen von
Cincius ausgewählt, um sie mit einer karthagischen Quelle
wie Silen zu kombinieren. Das Wiederauftauchen dieser
Zahlen des Cincius bei Livius deutet nochmals auf Coelius
als Vermittler; und auch in diesem Falle wie oben beim
Alpenübergang können sie nur eine Variante bei ihm gewesen
sein, da Plutarchs Bericht eine grössere Zahl bei Coelius
wahrscheinlich macht und Coel. frg. 22 und 39 dieselbe auch
andeuten. Livius' Abweichung von Appian in dem Verluste
besteht hauptsächlich in der Vermehrung der Gefangenen,
wozu eine etwas grössere Truppenzahl nötig wäre. Dies
könnte auf Coelius als Quelle deuten, aber wahrscheinlicher
ist es, dass Livius die einzelnen Angaben aus verschiedenen
Quellen gezogen und eine Gesamtzahl der Verluste nicht
ausgerechnet hat. In ähnlicher Weise weichen die übrigen
Angaben des Livius von einander ab; nach Kapitel 54 ist
die Zahl der Geretteten 14500, aber in Kapitel 56 kennt er
nur 10000; so spricht er in Kapitel 59 gerade so, als ob es
nur ein Lager gab, obschon er an allen anderen Stellen zwei
kennt[1]). Noch merkwürdiger ist, dass seine Verlustziffer und
seine Zahl der Geretteten, obschon ziemlich genau angegeben,
zu keiner der drei Varianten über die Gesamtzahl der Truppen
passt. So müssen wir eine vierte Quelle annehmen; ja eine
fünfte müssen wir hinzufügen, weil Appians Quelle, dessen
Benutzung bei Liv. wir oben gezeigt haben, nicht mit einer

[1]) vgl. v. Breska, Quellen zu Liv. 21—23, S. 4.

dieser vier zu identificieren ist. Von den vier sind Polyb und Cincius (durch Coelius) ziemlich sicher, aber darüber, wer die zwei anderen sind, können wir kaum eine Vermutung aufstellen, da Claudius und Antias und andere bei Coelius aufgezählte Varianten möglich sind.

Die ganze Schlachtbeschreibung des Livius auf seine Quellen zu verteilen, ist eine noch schwierigere Sache, welche wir im Ganzen nicht einmal versuchen wollen. Auf einige Andeutungen aber dürfen wir aufmerksam machen. Im Kapitel 34, 7 möchte ich 'cum debellare possent, bellum traxisse' mit Coelius frg. 16 'Illis facilius est bellum tractare' [hoc est diu trahere] vergleichen. Hier passt es viel besser als vor der Tessinschlacht[1]) und wir haben es gerade in eine Rede gestellt, wie es der Wortlaut verlangt. Für dieses und die folgenden Kapitel bis zu 44 ist Polyb nicht benutzt, wohl aber Appians Quelle wenigstens einmal; vgl. Liv. 22, 43, 8 'Varroni fere omnes, Paulo nemo praeter Servilium adsentiretur' mit Appian Hann. 19 'Τερεντίῳ δὲ, πλὴν Σερουιλίου, τῶν ἄλλων συντιθεμένων εἶξεν'. Ebenso ist Kapitel 44 dem Polyb nicht sehr ähnlich, doch stimmen sie in der Thatsache überein, dass die Römer von Norden bis zum Aufidus kamen, wo sie ein Lager aufschlugen: dann am nächsten Tag wird ein kleines Lager auf der anderen Seite des Flusses errichtet. Hiernach dürfte die Ansicht, die nach Ihne[2]) die allgemeine ist, dass das grössere Lager auf dem rechten Ufer lag, falsch sein. Besonders deutlich ist Polyb 3, 110, 8 'εἰς δὲ τὴν ἐπαύριον ὁ Λεύκιος, οὔτε μάχεσθαι κρίνων οὔτε μὴν ἀπάγειν ἀσφαλῶς τὴν στρατιάν ἔτι δυνάμενος'. So muss Polyb sich das Lager nordöstlich von Cannae in der Ebene vorgestellt haben, da ein Rückzug nach Canusium sehr leicht gewesen wäre, wenn es westlich[3]) von Cannae am rechten oder sogar am linken Ufer lag.

---

[1]) vgl. Sieglin, Coelius Antipater; Sturm, a. a. O. S. 40.
[2]) Röm. Geschichte II, S. 221; so Dodge a. a. O. S. 360; Schillbach, Progr. Neu-Ruppin, 1860, S. 8.
[3]) vgl. Sturenberg, Progr. Thomasschule, Leipzig, 1883; Hagge, Jahr. Phil. 1856, S. 185.

Kapitel 45 ist meistenteils aus Polyb (3, 112 113), doch
hebt Livius den Streit zwischen den Konsuln stärker hervor,
wie auch in Kapitel 44 und wahrscheinlich nach derselben
Quelle wie dort: dagegen scheint § 3 von einer karthagischen
Quelle beeinflusst zu sein, weil Livius selbst die Furcht und
Flucht der Römer nicht vergrössert hätte: so bleibt Nichts
anders übrig, als die Urquelle Silen hier zu erkennen.
Kapitel 46 hat auch Abweichungen, welche Livius selbst nicht
erfinden konnte. So giebt Livius an, dass die neuen Waffen
der Libyer die in den Schlachten an der Trebia und am
Trasumenischen See erbeuteten waren, während Polyb ohne
sie zwar ausdrücklich zu nennen, nur die Schlacht am
Trasumenischen See andeutet. Noch wichtiger sind die von
Böttcher[1]) erwähnten Abweichungen; § 6. 'Galli super um-
bilicum erant nudi' statt Polyb 114, 4 'Κελτῶν γυμνῶν': § 7
'dextro Maharbal' statt 114, 7 'δεξιὸν "Αννων'; und § 9 über
den Wind und Staub, was bei Polyb fehlt. Die Urquelle
für das letztere wird wohl Ennius gewesen sein, wie Müller
(Ennius Ann. 8, 14 'stant pulvere campi') schon gesehen hat.
Dass sowohl Sil. Ital. (9, 511) wie Zonaras (9, 1) von
Atmungsbeschwerden sprechen, könnte auf Coelius als ihre
Quelle deuten, aber in diesem Falle hat Livius die Erfindung
des Ennius durch Vermittlung eines Annalisten gekannt.
Ebenso ist sol obliquus erat (Liv. 22, 46, 8) mit Ennius
Ann. 314 (Müller) amplius exangere obstipo lumine solis zu
vergleichen, wie Müller (Enn. Com. p. 192) schon bemerkt
hat. Auch die Annalisten können dasselbe berichtet haben,
da wir den falschen Bericht, dass die Sonne den Römern
nachteilig war, erst bei der Epitome Livii entdecken. Noch
in Kapitel 47 folgt Livius den Polyb, aber § 1 'clamore
sublato' ist nicht seine eigene Zuthat, da Appian (Hann. 21)
ebenso 'αἱ φάλαγγες ἐβόησαν' giebt; obwohl § 3 'vir virum
amplexus' ein Missverständnis des Wortes ,συμπλεκόμενοι'
(Polyb 3, 115, 3) ist, muss doch eine andere Quelle den
Anlass dazu gegeben haben, dass er dies so versteht, weil

---

[1]) a. a. O., S. 435.

Livius hier auch wie am Tessin die Reiter von den Pferden
fallen oder gleiten lässt; nach Polyb dagegen sitzen sie
absichtlich ab.

Die List der Numidier (Kapitel 48) ist bei Appian von
Keltiberern durchgeführt und dies ist die ältere Form; denn
Livius hat einige Züge aus der ursprünglichen Erzählung
beibehalten, wie 'in mediam aciem' und 'aversam adoriuntur
Romanam aciem'. Diese zeigen, dass die Keltiberer im
Centrum desertieren[1]), während sonst schon Appians Quelle
Servilius und die ganze Geschichte auf den linken Flügel
gesetzt hatte, ihm aber trotzdem Fusssoldaten gab. Hier
haben wir den Grund, warum Livius die Ueberläufer Numidier nennt, am linken Flügel konnten sie nichts anders
sein. Hier ist Ennius Ann. 8, 21 'his pernas succidit iniqua
superbia Poeni' mit Livius 22, 48, 4 'ac poplites caedentes'
zu vergleichen. Vahlens Verweis auf Livius 22, 51 oder
Val. Max. 9, 2, ext. 2 ist, weniger passend, da dies nur
weitere Erwähnungen der hier angegebenen Thatsache sind.
'iniqua superbia' bei Ennius sagt nur, dass er mit Unrecht
auf seine List stolz war; als Grausamkeit ist es nicht zu
verstehen.

Dann folgen in Kapitel 49 Anekdoten, welche Livius
natürlich von allerwärts her gesammelt hat und deren Urheberschaft nicht festzustellen ist. Etwas besser liegt die Sache
in Kapitel 50, wo 'translatis in dextrum scutis' schon längst
mit Coel. frg. 22, 'dextimos in dextris scuta iubet habere'
verglichen ist. In Kapitel 51 steht Maharbals berühmter
Ausspruch, welcher auch bei Cato und Coelius, doch ohne
Maharbals Namen stand; vgl. Aul. Gell. 10, 24, 6. Cato hat
die Fabel nicht erfunden, obschon sie römischen Ursprungs
sein muss; denn wegen dieses hohen Alters ist sie nicht
erst aus Silen oder Sosilus in die römische Überlieferung gekommen. Sil. Italicus 10, 374 lässt Mago die Worte sprechen,
ohne Zweifel mit Recht, weil der Bruder sagen durfte, was
Maharbal nie gewagt hätte. So wird Silius' Version hier

---

[1]) vgl. Wölfflin, Liv. z. St.

wie so oft direkt auf den Urheber Ennius zurückgehen. Cato
hat nach seiner Gewohnheit um Namen zu vermeiden 'praefectus equitum' statt Mago geschrieben; hierin hat er auch
ganz Recht, da Mago auf dem Marsche durch die Sümpfe in
Etrurien die ganze Reiterei führte (vgl. Polyb 3, 79, 3). Die
späteren Annalisten haben dies missverstanden und Maharbal
eingesetzt. Für Coelius ist dieser Fehler kaum denkbar, weil
er neben Cato den Ennius kannte und auch den Mago als
Führer der Reiterei betrachtete (vgl. Livius 21, 47, 4). Plutarch
(Fab. 17) giebt den Namen Barkas, einen Fehler, der aus
Μάγων ὁ Βάρκα leicht entstehen konnte; so deutet dieser Be-
richt auch auf Mago als den ursprünglichen Namen. Dies
waren aber nicht die einzigen Namen, die mit dieser Geschichte
verbunden sind. Florus 1, 22, 19 giebt den Namen Adherbal
Bomilcaris, wo die Editionen in Maharbal korrigiert haben.
Dies kann ich nur als eine Verschlechterung betrachten, weil
Maharbal Himileos Sohn war (vgl. Liv. 21, 12, 1): so würde
eine zweite Korrectur nötig sein. Dazu kommt, dass Liv.
Per. 22 Adherbal statt Maharbal als Reiterführer nach der
Trasumenischen Schlacht angiebt. Diese zwei Stellen decken
sich gegenseitig und wir können als sicher betrachten, dass
die Epitome in beiden Fällen Adherbal gab.

Wenn wir nun Appians Quellen kurz betrachten, müssen
wir, wie früher gezeigt (S. 42), die Erzählungen über Wind,
Staub und Brücke von Leichen der Epitome Livii zuschreiben.
Die Umstellung der Führer der verschiedenen Armeeteile
haben wir schon der annalistischen Quelle zugeteilt, und
aus derselben wird wohl der Brüderkampf, den Hannibal
unter den Gefangenen ausführen liess, stammen, da wir denselben bei Diodor 26, 14 und Zonaras 9, 2 finden[1]). Appian
Hann. 21 'οἱ τὸ λαιὸν ἔχοντες ἐπὶ τῇ θαλάσσῃ' ist sicher aus
seiner annalistischen Quelle genommen und beweist, dass
diese Quelle (Piso?) wie auch Polyb und Livius die Schlacht

---

[1]) Dieselbe Geschichte in einer viel jüngeren Gestalt mit Hinzu-
fügung von einem Kampf gegen einen Elephanten giebt Plinius
n. h. s. 18. Die Quelle ist wahrscheinlich Fenestella gewesen, da er
in dem nächsten Satz citiert ist.

an dem rechten Ufer und zwar in der Ebene östlich von
Cannae sich vorstellte. Wir haben hier eine unzweifelhaft
richtige Ergänzung zu den anderen Berichten, welche noch
wertvoller ist, weil sie aus einem älteren Annalisten stammt,
ob wir ihn Piso nennen oder nicht. So ist die Vorstellung
von Solbisky[1]), Reusch[2]), Wilms[3]) und anderen, welche das
Schlachtfeld auf das rechte Ufer verlegt haben, insofern
falsch, als sie alle Plätze zu weit westlich gewählt haben.
Zu derselben Ansicht hierüber ist Dr. O. Schwab[4]) nach
einer Untersuchung an Ort und Stelle gekommen, auf dessen
Abhandlung ich für weiteres verweise. Wir dürfen Appian
nicht verlassen, ohne einen Fehler zu besprechen, der gewöhnlich seiner Quelle zugeteilt wird. In der Hann. 20
erzählt er einen von Hannibal gelegten Hinterhalt, der in
merkwürdiger Weise dem an der Trebia entspricht. Es kann
nicht zweifelhaft sein, dass wir hier nur eine Übertragung
von dem Trebia-Ereignis haben, welches an der richtigen
Stelle bei Appian fehlt. Da dieser Fehler meines Wissens
nur bei Appian vorkommt, bin ich geneigt, hier einen
Gedächtnisfehler von ihm und nicht eine absichtliche Geschichts-
fälschung zu sehen. Dio-Zonaras ist hier wie immer aus
mehreren Quellen zusammengesetzt; besonders spät und
schlecht ist die Erzählung (9, 1), dass Hannibal Leichen in
den Aufidus werfen liess, um das Wasser für die Römer
ungeniessbar zu machen. Darin kann ich nur eine Erweiterung
der bekannten Fabel von der Leichenbrücke (einer Erfindung
der Epitome Livii) sehen und in diesem Falle kann sie erst
sehr spät entstanden sein.

Wir haben noch Livius 58 und 61 zu betrachten, wo
Soltau seinen Beweis für die Benutzung des Polyb durch
Claudius gefunden haben will. Nachdem wir die reiche
Quellenkombination bei Livius wieder an das Licht gebracht

[1]) Progr. zu Weimar, 1868.
[2]) Progr. zu Altkirch, 1888.
[3]) Progr. zu Hamburg (Wilh. Gym.), 1895.
[4]) Das Schlachtfeld von Cannä. Progr. d. K. Wilhelms-Gym.
München, 1898.

haben, sollte es nicht nötig sein, Soltaus Hypothese (Livius
habe den Polyb in der 3. Dekade nur durch Vermittlung des
Claudius benutzt) weiter zu widerlegen; doch um der Einrede,
dass die ganze Quellenkombination vielleicht aus Claudius
stammt, zuvorzukommen, fügen wir einiges hinzu. Die erste
Version der vergeblichen Auslösungsunterhandlung finden wir
bei Liv. 58, 6—8; 61, 4[1]). Die Gefangenen schicken 10 Gesandte nach Rom, welche geschworen haben, zurückzukommen;
einer kehrt beim Verlassen des hannibalischen Lagers zurück,
als ob er etwas vergessen hätte, dann folgt er gleich den
anderen. Nach ihrem vergeblichen Gesuch beim Senate
kehren die anderen 9 zu Hannibal zurück; der eine aber
behauptet, dass er seiner Pflicht nachgekommen sei; jedoch
wird er auf Befehl des Senats unter Escorte dem Hannibal
ausgeliefert. Hierfür ist Polyb 6, 58 ohne Zweifel die Quelle
gewesen, da die einzige Änderung 'custodibus publice datis'
statt 'διήσαντες' ist. Bei Cicero aber, der (de off. 3, 32, 113)
den Polyb für diesen Bericht citiert hat, sind die 'custodes'
nicht erwähnt, sondern wie bei Polyb ist der Eidbrüchige
gebunden ausgeliefert. Ebenso fehlt bei Livius die Angabe,
welche Cicero dem polybianischen Bericht hinzugefügt hat,
indem er die Gesandten schwören liess zurückzukehren, 'nisi
de redimendis captivis impetravissent'. Dass Cicero
und Livius in ihren einzigen Änderungen[2]) ganz unabhängig
von einander sind, deutet darauf hin, dass beide den Polyb
direkt benutzt haben, zumal da Cicero hier den Polyb mit
besonderer Anerkennung citirt hat.

Der zweite Bericht bei Cicero ist folgender: 'C. Acilius
plures ait fuisse, qui in castra revertissent eadem fraude,
ut iureiurando liberarentur, eosque a censoribus omnibus

---

[1]) vgl. Hesselbarth a. a. O. S. 350.

[2]) Unrichtig ist die Behauptung, dass nach Polyb 'Ρωμαῖοι
(6, 58, 7), nach Cicero und Livius aber der Senat den Eidbrüchigen
zurückschickt: Polyb denkt nur an den Senat als thätig in dieser
Sache; vgl. 6, 58, 5, τὴν σύγκλητον; genau so hat Livius 'omnes
censuerunt' auf 'quod ubi relatum ad senatum est' folgen lassen;
daher muss jeder Leser Polybs 'Ρωμαῖοι als die Senatoren verstehen,
wie Cicero und Livius schon gethan haben.

ignominiis notatos'. Genau dasselbe finden wir nirgends
anderswo; am nächsten aber steht Val. Max. 2, 9, 8; doch
nach ihm blieben alle Gesandten in Rom. Verwandt ist auch
der erste Bericht bei Gellius (6, 18), obschon nur zwei hier
die Rückkehr zu Hannibal verweigern und die Beschreibung
ihrer Strafe 'ut contempti vulgo discerptique sint censoresque
eos postea omnium notarum et damnis et ignominiis adfecerint'
eine bedeutende Erweiterung zu dem 'eos a censoribus
omnibus ignominiis notatos' bei Acilius ist. Dass die Worte
'si Romani captivos non permutarent' derselbe Zusatz sind.
welchen wir bei Ciceros Citat des Polyb gefunden haben, hat
Soltau[1]) schon bemerkt: da aber diese erste Version des
Gellius keine einzige Ähnlichkeit mit dem polybianischen
Bestandteil des Cicero hat, dürfen wir nicht annehmen, dass
Gellius' Quelle entweder den Cicero oder den Polyb benutzt
hat. Im Gegenteil muss Cicero den Zusatz aus Gellius'
Quelle entlehnt haben, als er Polyb übersetzte. Wer war
nun dies? Zu bemerken ist, dass Gellius' Quelle den Bericht
des Acilius sehr frei umgearbeitet hat. Wenn wir nun
finden[2]), dass Claudius eine solche freie Umarbeitung des
Acilius darstellt und andererseits erwägen, dass er dem Gellius
genau bekannt war, so dürfen wir den Claudius mit der
Quelle für die erste Version bei Gellius identificieren: also
auch mit der Quelle Ciceros für diesen Zusatz[3]). Weil aber
diese Version bei Gellius aus Claudius eine so bedeutende
Erweiterung zu Acilius ist, so wird dadurch gezeigt, dass
Cicero für den zweiten Bericht den Acilius nicht durch
Claudius, sondern direkt benutzt hat. Soltaus Annahme, dass
Nepos Quelle für beide Versionen des Gellius war, ist ganz
unmöglich, weil Gellius den zweiten Bericht mit den Worten
'Cornelius autem Nepos' anführt. Betrachten wir nun diesen
zweiten Bericht; mehrere Gesandte weigern sich zurück-
zugehen; es wird im Senate verhandelt, doch stimmt die

---

[1]) Wochensch. f. klass. Phil. 1890, S. 1243.
[2]) vgl. oben S. 58.
[3]) vgl. Soltau, Wochensch. f. klass. Phil. 1890, S. 1239 dafür,
dass Cicero den Claudius viel benutzt hat.

Mehrheit gegen eine Auslieferung; die Eidbrüchigen werden aber so verachtet, dass sie sich selbst töten. Die einzige Ähnlichkeit mit der Version des Acilius ist, dass mehrere nicht zurückgehen und der grossen Verschiedenheit gegenüber kommt sie nicht in Betracht. Merkwürdig sind die Worte 'datis custodibus', welche mit 'custodibus publice datis' in der ersten Version bei Livius, die im übrigen aus Polyb stammt, zu vergleichen sind. Die richtige Erklärung ist wohl, dass Livius die Quelle des Nepos bzw. den Nepos selbst benutzte, als er die Änderung in dem polybianischen Berichte machte.

Etwas älteren Ursprungs kann Appian Hann. 28 sein, der nur drei Gesandte kennt, welche alle zurückkehrten. Dann kommt Livius' zweiter Bericht; erst kommen 10 Gesandte und später eine zweite Gesandtschaft von 3; Sempronius aber, den Appian erwähnt hat, ist nicht darunter: die drei gehen zurück, die zehn bleiben; es wird im Senate verhandelt, doch stimmt die Mehrheit gegen eine Auslieferung u. s. w. bis einige der 10 sich selbst töten. Hier haben wir eine Verbindung der drei Versionen, welche bei Appian, bei Val. Max. und an zweiter Stelle bei Gellius aus Nepos erscheinen. Wegen der Abweichung im Namen von Appian möchte ich nicht annehmen, dass Livius selbst diese kombiniert hat. Dem lügenhaften Charakter nach konnte wohl Antias der Zusammensetzer sein, aber in jedem Falle haben wir noch einen Beweis, dass Appians Quelle verhältnismässig alt ist, da wir eine Mittelquelle zwischen dieser und Livius hier annehmen müssen. So sehen wir, dass der reine Acilius-Bericht weder bei Livius noch bei Gellius vorkommt, obschon der erste bei Gellius wahrscheinlich Claudius' Umarbeitung des Acilianischen ist: doch hat hier der zweite Bericht (Nepos) keine Ähnlichkeit mit dem polybianischen. Ebenso verfehlt ist, wie wir gesehen haben, Soltaus Versuch, bei Livius Polyb und Acilius verbunden zu finden. Durch diesen Vergleich steht es fest, dass Cicero direkt den Polyb und Acilius benutzt hat: denn bei keinem anderen stehen diese zwei beisammen. Hiernach bleibt der vermittelnde Versuch Soltaus ganz ohne Stütze[1]) und ist in sich noch unwahrscheinlicher als der frühere Kesslers, wobei Coelius die Mittelquelle sein sollte. So haben wir bei Livius keine andere Wahl, als die direkte Benutzung des Polyb anzunehmen und damit ist es festgestellt, dass Livius wirklich so kombiniert hat, wie unsere ganze Untersuchung zeigte.

Am Ende möchte ich hervorheben, dass ich eine genaue Quellenbestimmung für diese zwei Bücher nicht versucht, sondern nur einige Kapitel besprochen habe, wo die Quellen einigermassen erkennbar sind. Diese Arbeit etwas weiter zu führen, ist wohl möglich, aber die Quellen für alle Kapitel genau anzugeben, ist nicht nur ganz unmöglich, sondern eben der Versuch beruht auf einer vollständig verkehrten Ansicht über die Arbeitsweise des Livius. Wir werden, hoffe ich, endlich lernen, das Altertum und besonders den Livius richtig zu würdigen, über welchen der fleissige Plinius in seiner Einleitung sagte: 'et profiteor mirari T. Livium, auctorem celeberrimum'; das hätte er nie über einen leidlichen Abschreiber sagen können, wohl aber über einen Schriftsteller, der eine reiche Anzahl von Quellen, zwar ohne Sachverständnis aber mit Fleiss und Wahrheitsliebe zusammengearbeitet hat.

[1]) Für Soltaus andere sogenannte Beweise vergleiche man das Vorwort.

Register

der besprochenen Autoren mit Stellenverzeichnis.

(An den mit einem * versehenen Stellen sind Textänderungen vorgenommen.)

Druck von Carl Salewski in Berlin C.
Neue Friedrichstrasse 44.